कशिश्क

(कशिश-ए-इश्क़)

सौ. रश्मी कौलवार

"कशिश्क" मेरी यह किताब मेरे सच्चे चाहने वाले को जिसने मुझे पहली बार प्यार का एहसास कराया, प्यार किसे कहते है समझाया, जिसकी मोहब्बत में मैने ये सारी रचनाएं लिखी उस प्यारे से साथी को समर्पित....

सौ रश्मी अंकुश कौलवार

क्रम-सूची

अस्वीकरण — xv

प्रस्तावना — xvii

कवयित्री परिचय — xix

1. तेरे संग प्यार का सपना — 1

2. पता न चला — 2

3. इश्क का सफरनामा — 3

4. वश में नहीं मेरे जज़्बात — 4

5. अब भी महसूस होता है — 5

6. दिल हमारा नहीं — 6

7. ये छुअन तेरे प्यार की — 7

8. हम दोनों कुछ यूं मिल जाए — 8

9. जब तू प्रेम से संवारे — 9

10. दो कदम साथ चलोगे क्या? — 10

11. ओए पागल — 12

12. क्रिकेट की तरह — 13

13. मोहब्बत और ज़िन्दगी का रिश्ता — 14

14. प्यार से बंधे रिश्ते — 15

15. कहानी सुनाती हूं — 16

16. एक तस्वीर तेरे साथ — 17

17. तेरी छुअन से — 18

18. ताज याद दिलाता — 20

19. तेरी यादों की रोशनी — 21

क्रम-सूची

20. प्यार में दिल 22

21. प्यार जिसे भी छू ले 23

22. तब तक रहो साथ मेरे 24

23. मोहब्बत बेइंतीहा खूबसूरत है 25

24. करवा चौथ 26

25. कान्हा तेरी मुरत 28

26. तेरे इश्क़ की गर्माहट 30

27. ख्वाहिश इतनी सी 31

28. तेरे इश्क़ की यूं आदत लगी 32

29. स्वार्थ मेरा 34

30. खत और तुम 35

31. एक बात कहूं 36

32. राधाकृष्ण की भांति 37

33. तेरा मिलना जैसे 38

34. एहसास रह जाता 39

35. तुमसे मोहब्बत हो गई 40

36. ये है मोहब्बत 41

37. कुछ पल के लिए 42

38. और करीब तो आओ 43

39. तेरी मोहब्बत का असर 45

40. प्यार के रास्ते पर अक्सर 46

41. तेरी बाहों के घेरे 47

क्रम-सूची

42. नर्म एहसासों में तुम्हारे — 48

43. ग़ज़ल लिख रही हूं — 49

44. तू मुझमें समाया है — 50

45. कुछ एहसास ऐसे होते — 52

46. धड़कन — 53

47. गुज़ारिश — 54

48. रूहानी सी मोहब्बत — 56

49. यादों का बाज़ार — 57

50. मेरे करीब हो तुम — 58

51. फिदा हूं तुझपे — 59

52. मेरी कल्पना ने सिखाया — 60

53. उसकी महक से — 61

54. कहाँ तुम कहाँ हम — 62

55. तेरे श्रृंगार से — 63

56. बातें ख्वाबों की — 64

57. तुम्हें अपना बनाकर — 65

58. जो करीब होते है — 66

59. अधिकार — 67

60. नज़राना इश्क़ का — 68

61. तुम्हारा प्यार पाकर — 69

62. ख़्वाहिश है तेरी, — 70

63. ये बेपरवाह दिल — 72

क्रम-सूची

64. रश्मि 73

65. दस्तक मोहब्बत की 74

66. गुजरे लम्हे 76

67. तुम्हारा यूं देखना 77

68. प्यार की इबादत में 78

69. प्यार के रंग 79

70. प्यार का पहला ख़त 80

71. तेरा फितूर 81

72. गुलाब की फ़रमाइश 82

73. लिखूं जो ख़त तुझे 83

74. मन की बातें लिखकर 84

75. इश्क़ में कुर्बान होके 85

76. अधूरी सी है ज़िन्दगी 86

77. प्रेम बारिश (ग़ज़ल) 88

78. होठों पर खामोशी 90

79. मैं रश्मि 91

80. नजरों से दूर 93

81. दिल तुझको ही चाहे 94

82. बे-इंतिहा मोहब्बत है तुमसे 95

83. तेरी चाहत में 96

84. दिल की लगी बुझे 97

85. झलक तुम्हारी 98

क्रम-सूची

86. कुछ ख़्वाब है मेरे — 99

87. तुमको देखते ही — 100

88. हमें इश्क़ हुआ — 102

89. दिल तुझे ही चाहे — 103

90. एक सफ़र तेरी यादों — 105

91. काश !आप मेरे होते — 106

92. प्यास अब भी है — 107

93. सिंदूर का लाल रंग — 108

94. मोहब्बत की दुनिया — 109

95. इजाज़त हो तो — 110

96. तेरे नाम के सिवा — 111

97. होश है गुम — 112

98. प्रेम की गहराई — 113

99. तेरे इश्क़ से रूबरू होके — 115

100. कभी तो करीब आओ — 116

101. तुम्हें सोचूं या तुम्हें चाहूं — 118

102. दिलों का संबंध — 119

103. है आख़िरी ख्वाहिश मेरी... — 120

104. तुम्हें इजाज़त है — 122

105. ढाई अक्षर का प्यार — 123

106. जज़्बातों की स्याही — 124

107. श्रृंगार के बिना — 125

क्रम-सूची

108. सांझ-सवेरे — 126

109. इस बार जब मिलोगे तो — 127

110. मेरी दीवानगी हो तुम — 128

111. अक्सर महसूस होता है..... — 129

112. प्यार जताया करो — 130

113. यहीं कहीं हूं — 131

114. कशिश आपकी — 132

115. दिल ही दिल में — 133

116. अब झिझक कैसी — 134

117. तुम्हें मेरी कसम — 135

118. मिले जब हम तुम — 136

119. मरहम बन के आए — 138

120. चुपके-चुपके — 140

121. प्रेम ध्वनि — 141

122. फरियाद दिल की — 142

123. जादूई नजर — 143

124. मेरी बेचैन बाहें — 145

125. सामने तो आओ — 146

126. तेरा इश्क़ खुदा की दुआ सा — 147

127. लंबे अरसे के बाद — 148

128. प्रेम का दरिया हो तुम — 149

129. हसीन गुनाह — 151

क्रम-सूची

130. प्रेम रंग — 153

131. कुछ कहना है तुमसे — 154

132. तुम पर मेरा हक़ है — 156

133. तेरी बाहों के सहारे — 157

134. सनम तेरी कसम — 159

135. इश्क़ की दुनिया — 161

136. चादर की सिलवटे — 163

137. मोहब्बत का सदा नशा रखिये — 164

138. मेरा खुदा हो तुम — 165

139. शाम-ए-फ़िराक़ — 166

140. "तेरे नाम" से शुरू — 167

141. मौसम का लुत्फ़ — 168

142. ये रिश्तों की पाकीज़गी — 170

143. ये दिल तो है दिल — 171

144. आवाज़ दिल की तेरी मेरी — 172

145. रात के दामन में टिमटिमाते तारे — 173

146. प्रेम कुछ ऐसा — 174

147. प्रीत की डोर — 175

148. मोगरे सा इश्क़ — 176

149. गुजरती तन्हाई — 177

150. तेरे मेरे सपनें — 178

151. इश्क़ की तपस्या — 179

क्रम-सूची

152. तेरे आने की खुशी में 181

153. बना के बंसी होंठो से लगा ले मुझको 182

154. बस वो इतना कहे 183

155. ये मोहब्बत है 184

156. सच्चे प्यार की कीमत 185

157. अच्छा लगता है 186

158. छूकर मेरे मन को 187

159. तुमसे 188

160. तेरे दिल पर हाथ रखकर 189

161. तुमसा नहीं देखा 190

162. बहका बहका मन 191

163. जिसकी कोई सीमा नहीं 192

164. हकीकत से दूर 193

165. दिल में बसी है 194

166. तेरे लिए लिखी हर कविता 195

167. इश्क का सुरूर 196

168. हमसफर तुझसा कहा 197

169. तेरी बाहों में आकर 198

170. जन्मदिन तुम्हारा 199

171. मंजूर है मुझे 200

172. हमें तुमसे प्यार कितना 201

173. सिलसिला ये चाहत का 202

क्रम-सूची

174. कान्हा और प्रेम 203

175. भूल जाऊं आज मैं 204

176. यादों की सरहद 205

177. बस मेरे हो तुम 206

178. याद है क्या तुम्हें 207

179. पसंद है मुझे 209

180. तुम्हारे प्यार की दौलत 210

181. तुमसे करीब कोई नहीं 211

182. तेरा ये इश्क 212

183. तेरा यूं हक जताना 214

184. बेरोजगार आशिक 215

185. मिलता फिर से जन्म तो 216

186. तुम्हारे प्यार ने सिखाया 217

187. तुम्हारी मोहब्बत में 218

188. प्रेम से प्रेम करो 219

189. इज़हार तो करो कभी 220

190. गुलाब सी खूबसूरत मोहब्बत 221

191. इश्क़ की मिठास 222

192. तोहफ़ा मोहब्बत का 224

193. मन की बात को 225

194. वादा वफ़ा का 226

195. तुम्हारी बाहों में 227

क्रम-सूची

196. लब से लब मिले 228

197. मोहब्बत हो ही गई 229

198. ज़िक्र तुम्हारा 230

199. प्रेम का पर्याय हो तुम 231

200. जो इश्क तुमने सिखाया 232

201. मेरी मोहब्बत को 233

202. तुझे बाहों में यूं भर लूं 235

203. तुमसे मेरा रिश्ता 236

204. तू माने या ना माने 237

205. मोहब्बत के श्रृंगार से 238

206. फिर मिलेंगे कभी तुमसे 239

207. तेरी आदत सी है 240

208. कोई तो ऐसा हो 241

209. प्रेम से प्रेम करो 243

अस्वीकरण

प्रस्तुत पुस्तक "कशिश्क" में लिखी सारी रचनाएँ स्वरचित तथा मौलिक है।

इस पुस्तक में मोहब्बत और श्रृंगार से भरपूर संयोग रस पर आधारित काव्य, गज़ल, नज़्म का संकलन है। इसे पढ़कर आपके मन को आनंद मिलेगा। निश्छल प्रेम की गहराई को नापने का मेरा प्रयास आपको प्रेम की खूबसूरत दुनिया में ले जाए। मेरी हर रचना मेरे मन से आप सभी के हृदय को स्पर्श करके मन तक पहुंचे यही आशा करती हूं।

मेरा मकसद किसी भी भावनाओं को ठेस पहुँचना कदापि नहीं है।

प्रस्तुत किताब की कविताएं पढ़कर आप सभी के मन में प्रेम का सुंदर एहसास जागृत हो तो मेरा लिखना सार्थ हुआ ऐसा मैं समझ लूंगी।

सौ रश्मि अंकुश कौलवार

प्रस्तावना

इश्क का गहरा रंग बनकर उसपर चढ़ती जाऊं
खुशबू बनकर उसकी सांसों में महकती जाऊं।

कशिश ए इश्क में बेपरवाह होकर बह जाऊं
उसकी मोहब्बत अब हर हद से गुजरती जाऊं।

जीता है सिर्फ मुझको देख देखकर माना हमने
पल पल उसकी मोहब्बत में मैं मरती जाऊं।

सुकून उसके होने से, डरती हूं उसको खोने से
उसका साथ पाने को उससे ही लड़ती जाऊं।

बेपरवाह इश्क को परवाह करना सीखा दूं जरा
नई प्यार की लहर बनकर मन से मिलती जाऊं।

ज़िंदगी के मोडपर साथ उसका छूटे ना कभी
उसके दिल में याद बनकर ऐसे धड़कती जाऊं।

वो हसीन शाम बनकर मेरी रातों की नींदें चुराता
सुबह की उजली "रश्मि" बनकर बिखरती जाऊं।

"कशिशक" याने इश्क की कशिश में ऐसा अजब दिल का
खिंचाव, मन का लगाव है कि चाहकर भी हम इससे बच नहीं पाते
है। यह ऐसी दिल की लगी है जो हर किसी का मन मोह लेती

है। "कशिश्क" इतना खूबसूरत एहसास है जो मन को सम्मोहित करता है। रातों की नींद, दिन का सुकून छीन लेता है फिर भी यह एहसास बहुत मीठा और प्यारा लगता है।इश्क की कशिश भी खूब होती है, हर पल ख्वाहिश महबूब की होती है, साथ हो दुनिया भले मगर महबूब की कमी महसूस होती है।

कशिश क्या होती है इश्क की....?
कोई किसी को कैसे समझाए....?
यह वो खूबसूरत एहसास है,
जो इश्क करें वही समझ पाए....।

मोहब्बत की हसीन दुनिया में हम खो जाते है बिना बोले ही हम किसी के हो जाते है। दुनिया जन्नत से भी सुंदर लगने लगती है, ज़िन्दगी से फिर से प्यार हो जाता है। ना पैरो तले जमीन होती बस ख्वाबों के पंख लगा कर मन ख्वाहिशों के आसमान की सफर पर निकल पड़ता है।

"कशिश्क" दिन-ब-दिन बढ़ती ही जाती है ।
चेहरे पे इश्क की लाली चढ़ती ही जाती है ।
"कशिश्क" तुमसे ना हमसे छुपाए ना छुपती,
महबूब के ख्वाबों-ख्यालों में गढ़ती ही जाती है।

कवयित्री परिचय

श्रीमती रश्मि अंकुश कौलवार का जन्म महाराष्ट्र के परभणी जिले के छोटे से शहर गंगाखेड़ में हुआ। यह अपने माता पिता की प्रथम संतान हैं। पढ़ाई में सदैव अग्रसर रही हैं और प्रथम श्रेणी से वाणिज्य स्नातक किया। साथ ही साथ इन्हाने कुकिंग में डिप्लोमा तथा कंप्यूटर का प्रशिक्षण भी लिया। पढ़ने लिखने के साथ अन्य कला गुणों व गतिविधियों में यह हमेशा आगे रहीं।

नामांकित चार्टर्ड अकाउंटेंट श्री अंकुश कौलवार की सुविद्य पत्नी, एक लेखिका तथा कवयित्री होने के साथ ही सामाजिक क्षेत्र में भी सक्रिय हैं। संयुक्त परिवार में रहकर, सबके प्रति अपने कर्त्तव्यों का कुशलतापूर्वक निर्वहन करते हुए इन्होंने अनेकों लेखन और कला प्रतिस्पर्धाओं में न केवल भाग लिया अपितु विजयी भी रहीं।

इनकी प्रकाशित पुस्तकों में "रश्मि की काव्यांजलि", "हृदय स्पर्शी", "आस्था की दिव्य ज्योति", "आगाज़ नए सफ़र का" यह पांच एकल हिंदी काव्य संकलन तथा "शब्द रश्मी" भाग 1 और भाग 2 " ये मराठी काव्य संकलन प्रकाशित हो चुके हैं। इसके अतिरिक्त समय-समय पर इनके द्वारा लिखी गई रचनाएं अनेक मासिक पत्रिकाओं में प्रकाशित होती रहती हैं।

सौ. रश्मि अंकुश कौलवार

माता : सौ रेखा नळदकर

पिता : श्री राजेश्वर नळदकर

पति : श्री अंकुश कौलवार (चार्टर्ड अकाउंटेंट)

शिक्षा : वाणिज्य स्नातक, MS-CIT, C C++, Tally ,

Cooking Diploma.

नाम और पता:-सौ.रश्मि अंकुश कौलवार

यशवंत, घनश्याम सोसायटी, भक्तिमार्ग,

पंढरपुर-413304

जिला:-शोलापुर(महाराष्ट्र)

प्रकाशित काव्यसंग्रह :-

1)रश्मि की काव्यांजलि

2)हृदय स्पर्शी

3)आस्था की दिव्य ज्योति

4)शब्द रश्मी भाग 1 और 2(मराठी काव्य संग्रह)

5)मन से मन तक

6) आगाज़ नए सफ़र का

काव्यसंकलन:-

इंतजार, ब्रोकन हार्ट, उड़ान काव्य संकलन में सहभागिता तथा अनेक मासिक पत्रिकाओं में काव्य सहभागिता

संप्रति : कवयित्री, लेखिका

लेखन क्षेत्र में उपलब्धियाँ

ईमेल:-rashmikaulwar@gmail.com

गतिविधियां:-1)कई मंचो की प्रतियोगिताओं में सम्मिलित हुवी हूँ।

2)कई ऑनलाइन ऑफलाइन कविसम्मेलन में सहभागिता।

3)इंतजार, Heart broken, कई काव्य संकलन में सहभागीता

4) मराठी कविता ग्रुप में काव्यलेखन को मार्गर्शक तथा परीक्षक।

सम्मान:-1)500 से ज्यादा Your Quote प्रतियोगिताओं में विजेती और सम्मान पत्र प्राप्त।

2)100 से ज्यादा whats app प्रतियोगिता में विजेती और सम्मान पत्र प्राप्त।

3)अनेक राज्यस्तरीय प्रतियोगिताओ में विजेती और सम्मान पत्र प्राप्त।

1. तेरे संग प्यार का सपना

तेरे संग प्यार का सपना हमने मन में संजोया है
हकीकत से दूर, ख्वाबों का हसीन संसार सजाया है ।

खोए रहते ही कुछ देर ख्वाबों हसीन दुनिया में
हकीकत जो ना बनी, ख्वाबों में तुम्हें अपना बनाया है।

सोती है अंखियां, ख्वाबों में पास लाती है निंदिया
हकीकत से भी खास, ख्वाबों में अनुभव आया है।

ना कोई बंधन, ना किसी का आने जाने का डर
हकीकत में नहीं, ख्वाबों में साथ तुम्हारा पाया है।

जो मेरे बस में नहीं कभी, वहां तुम बस मेरे हो
हकीकत से ज्यादा, ख्वाबों में तुमपे सब लुटाया है।

सपनों का प्यारा संसार हकीकत ना बन पायेगा कभी
फिर भी रश्मि ने ख्वाबों में प्यार का सुख पाया है।

2. पता न चला

उफ्फ! पता न चला वो अंजाना कब मेरा हो गया
अपना सा लगे वो ख्यालों में उसका डेरा हो गया।

सुलगता रहा यादों का चिराग दिन दोपहरी में
यादों में गुजरती रात की लौ तले अंधेरा हो गया।

कफस में तड़पता रहा दिल रातभर जागते जागते
उसके ख्वाबों से जागे ही नहीं और सवेरा हो गया।

वही पढ़ पाता है मन की कही अनकही बातों को
अब लबों पर उसके नाम का ही बसेरा हो गया।

अपनी मीठी बातों से दिन में रश्मि को चांद दिखाता
चुराकर दिल मेरा वो मेरे मन का लूटेरा हो गया।

3. इश्क का सफरनामा

कितना हसीन हमारे इश्क का सफरनामा था
अपना सारा प्यार भर के तुमने माथा चुमा था।

वक्त भी रुक गया, शर्म से चेहरा मेरा झुक गया
पैर न थे जमीं पर कहा खुशी का ठिकाना था।

ना कोई कसमें वादे, ना उम्रभर का साथ चाहा
सारी दुनिया को छोड़ उस पल को साथ जीना था ।

ना चाहिए था कोई उपहार, भुलाकर सारा संसार
कुछ पल के लिए एकदूजे की बाहों में रहना था।

बात भी कहा पूरी हुई, मुलाकात अधूरी रह गई
बस यादों को अपने साथ ताउम्र ले जाना था।

4. वश में नहीं मेरे जज़्बात

वश में नहीं मेरे जज़्बात मोहब्बत का खुमार देखा
काबू में नहीं मन, आंखों में उसका इंतजार देखा
हर घड़ी, हर पल उसके ख्यालों में खोया है मन
दिन-ब-दिन उसके लिए मेरा बढ़ता प्यार देखा।

.

उसकी कुरबत में मेरे खुद का इख्तियार देखा
उसके दीदार के लिए तड़पते दिल बेकरार देखा
उसने जो थामा हाथ, चूमा मुझे, गले लगाया
इसकी यादगार तस्वीरों को मैंने बार-बार देखा।

.

उसकी आंखों के वार में खुद का होता शिकार देखा
उसके आने से जीवन में खिलखिलाती बहार देखा
उसकी मोहब्बत में अब वश में नहीं रश्मि का मन
धीरे-धीरे उसकी मोहब्बत में होता जां-निसार देखा।

5. अब भी महसूस होता है

तेरा मखमली रेशमी स्पर्श अब भी महसूस होता है
तन को नहीं मन को छुआ तुमने अभास होता है।

उस छुअन में मोहब्बत का रूहानी एहसास था
खोकर उन बीते पलों में महकता हर श्वास होता है।

उस स्पर्श में एक जादू भरा, रोमांचित करता मुझे
दूर होकर भी तू मेरे सबसे करीब, सबसे पास होता है।

विरहा की कड़कड़ाती धूप में दिल को शीतलता देता
याद करते उन लम्हों को फिर तेरा सहवास होता है।

तुमको पास महसूस करते लिखते है यादगार लम्हें
हर शब्द शब्द में बस तेरी मोहब्बत का वास होता है।

6. दिल हमारा नहीं

यह दिल हमारा नहीं दिल पर प्रेम का अधिकार हुआ
दिल बेचारा घायल हुआ जब तीर-ए-नज़र का वार हुआ
संभाले से दिल ना संभला तीर दिल के आर-पार हुआ
मन के सारे ख़्वाबों, ख़्यालों पर प्रेम का इख़्तियार हुआ।

.

यह दिल हमारा नहीं अब दिल प्रेम का तलबगार हुआ
दिदार-ए-यार की चाहत में दिल बार-बार बेक़रार हुआ
बेचैन मन, ऑंखों को बस मोहब्बत का इंतज़ार हुआ
प्रेम का अपने तन-मन पर पूर्ण अधिकार स्वीकार हुआ।

.

यह दिल हमारा नहीं अब यह दिल किसी का ओर हुआ
नाम का धड़कता हमारे लिए दिल पर किसी का जोर हुआ
किसी की मोहब्बत खोकर, बेताब दिल मनमोर हुआ
"रश्मि" दिल के बदले दिल ले-देकर ये दिल चोर हुआ।

7. ये छुअन तेरे प्यार की

मानो या ना मानो, दूर होकर भी दिल तेरे पास होता है
ये छुअन तेरे प्यार की आज भी छूने का आभास होता है।

रंग जाते है मेरे सारे ख्याल एक तेरे ख्यालों के रंगों में
अब खुद से ज्यादा तेरी हुई हूं, मन में ये एहसास होता है।

अभी तो हुई मुलाकात, फिर मिलने की तमन्ना जागी
गुजरा जो हर लम्हा तेरे संग, बहुत ही खास होता है।

रूठा रूठा सा रहता है मेरा मन खुद से ही न जाने क्यों
क्या करूं बिन तेरे जीवन का हर लम्हा उदास होता है।

तुमसे नाराज होकर भी तुम्हें ही सोचता है मेरा दिल
जब भी झुकाऊं सर मैं, तेरे लिए ही अरदास होता है।

8. हम दोनों कुछ यूं मिल जाएं

हम दोनों कुछ यूं मिल जाए अंतर रहे न दर्मिया
श्वास भी श्वास में घुल जाए एक सी बहे धमनिया।
जीव से शिव की एकाकार होती जैसी शक्तियां
एक से एक जुड़ी होती है जैसी शब्द पंक्तियां।
भावविभोर होकर मग्न होती मन की प्रकृतियां
प्रिय के दर्शन मात्र से तृप्त होती प्यासी अंखियां।
दो जिस्म एक जान से रौशन आत्मिक दिप्तिया
अलग ना कर पाता कोई मन से प्रेम घड़ियां।
भूलकर दुनिया सारी प्रणय में डूबी आकृतियां
ये दिव्य मिलन ऐसा की बने यादगार स्मृतियां।

9. जब तू प्रेम से संवारे

जब तू प्रेम से संवारे रोम रोम होता है पुलकित
स्नेहिल तेरे स्पर्श से अंग अंग होता है रोमांचित।

कपूर की तरह सारे गिले शिकवे उड़ जाते है
बस प्रेम अनुराग की की भावना होती उद्भासित।

एक नई प्यार की दुनिया में मन खो जाता है
सुंदर अंतहीन प्रेम विश्व में हो जाते है समाहित।

विरहा के पल प्रेम के लम्हों में घुल जाते है
तेरी बाहों के घेरों में प्रेम भाव होता है स्फूटित।

आंखों में तेरा चेहरा, हृदय पे तेरा पहरा होता है
विशुद्ध आत्मिक प्रेम की ज्योति होती है उज्वलित।

प्रेम अनुभूति से कण कण उज्जल हो जाता है
नव चेतनामयी ऊर्जा से रश्मि होती है प्रकाशित।

10. दो कदम साथ चलोगे क्या?

कतरा कतरा बिखर रही जिन्दगी, थामकर मेरा हाथ
समेटोगे क्या?
जिन्दगी का सफर आसान हो जाएगा, दो कदम साथ
चलोगे क्या?

.

मन की उलझन सुलझे न, दुविधा में घिरे मन को
समझाऊं कैसे?
ख्यालोत के भंवर में पीस रहा मन, सहारा देकर निकलोगे
क्या?

.

दिल का सारा डर मिट जाएगा अगर साथ तेरा मिल
जाएगा
ना रस्म, ना कसम है विश्वास से दिल का रिश्ता
निभाओगे क्या?

.

ना इस क्षणिक जीवन का भरोसा कब धोका देकर साथ
छोड़ देगा
जब तक है सांस छूटेगी ना आस, जान से ज्यादा चाहोगे
क्या ?

.

तुमसे दिल की चाहत, तू ही मन की राहत, तू ही जीने की
जरूरत
हरे दिल के जख्मों के अपनी मोहब्बत का मरहम लगाओगे
क्या?

.

दिख ना रहा कोई रास्ता मुझे, ना कोई मंज़िल का अता
पता
निराशा से घिरी अंधेरे रश्मि को उम्मीदों से रौशन करोगे
क्या ?

11. ओए पागल

सिखाओ कैसे रहे तुम्हारे बिना....
चाय की तरह मेरे सर दर्द का इलाज हो तुम।
जिसपर सारे दोस्त घरवालों को शक होता....
वो चेहरे की मीठी सी मुस्कान हो तुम।
तेरा रुठकर दूर रहना सहा भी न जाता....
जीने की तमन्ना मन की अरदास हो तुम।
नींद भी आंखों से ओझल हो जाती....
पलकों पर सजता हसीन ख़्वाब हो तुम।
तुमसे लड़कर झगड़कर भी जायेंगे कहा....
इस दिल के इकलौते हकदार हो तुम।

12. क्रिकेट की तरह

क्रिकेट की तरह ही होता है प्यार का खेल
कोई होता पास यहां कोई होता है फेल
कैसा भी हो बल्ला करना पड़ता है झेल
अच्छे प्रदर्शन से होता दिल से दिल का मेल।

पहले बॉल पर कोई लगता चौका छक्का
किसी को आउट होकर मिलता है धक्का
दिल आए किसी पर खेलना पड़ता है पक्का
जीत जाता है वही जिसका प्यार है सच्चा।

आसान कहा है नजरों से करना बैटिंग
दिल जीतकर ही होती दिल की फिल्डिंग
मन की पटरी पर करनी होती है रनिंग
ऊपरवाले के हाथ में इस मैच की फिक्सिंग।

नजरों की बल्लेबाजी से कोई क्लीन बोल्ड
चांस ना मिला तो दिल की बाजी होती हॉल्ड
मैन ऑफ द मैच वही जो दिल को करता मोल्ड
जीते जो उसके बाहों में साथी का मेडल गोल्ड।

13. मोहब्बत और ज़िन्दगी का रिश्ता

मोहब्बत और ज़िन्दगी का रिश्ता जैसे हृदय का स्पंदन से
निर्जीव, बेजान होता जिस्म जैसे बिना दिल की धड़कन
के।

.

ज़िन्दगी जीने का कोई मतलब और मकसद नहीं रहेगा
कैसे महकेगी जीवन बगिया बिना प्रेम के अभिनंदन से।

.

ज़िन्दगी जीने में कोई उत्साह, उमंग, उल्हास ना रहेगा
कैसे पनपेगा विश्वास का पौधा बिना किसी समर्पण से।

.

ज़िन्दगी है तो मोहब्बत है नहीं मोहब्बत है तो ज़िन्दगी है
कैसे निभा पायेगा कोई भी रिश्ता बिना प्रेम बंधन के।

.

ईश्वर ने दिए अनमोल तोहफ़े ये ज़िन्दगी और मोहब्बत
कैसे होगी ईश्वर की पूजा संपूर्ण बिना मन के वंदन से।

14. प्यार से बंधे रिश्ते

प्यार से बंधे रिश्ते तोहफ़ा- ए -नायाब होते है
आंखों से कभी टूटे ना सुंदर सा ख्वाब होते है।

जहाँ ना जिस्मानी चाहत, ना कोई भी जरूरत
जिसपर कोई भी दाग नहीं वो महताब होते है।

प्रेम, विश्वास, स्नेह के मजबूत पकड़ से बंधे
साफ़, पवित्र, निर्मल बड़े ही लाजवाब होते है।

रूह से रूह का मखमली एहसास जगाते जो
उलझते नहीं हर सवालों का जवाब होते है।

जहाँ स्वार्थ, मतलब, फरेब, झूठ नहीं होता
मन को प्रफुल्लित कर देते वो शादाब होते है।

लूटा देते है सर्वस्व अपना, समर्पित होते प्यार में
चाहत जिसकी ख्वाहिशों का आफताब होते है।

15. कहानी सुनाती हूं

अपने मन को हर रात तेरी ही कहानी सुनाती हूं
आंखों को रोज खवाबों का दिलासा देकर सुलाती हूं।

．

दिल की सतह पर यादों का गुलाब बनकर महकते हो
तुम्हारे राह का हर कांटा अपने दुआओ से निकालती हूं।

．

अपनी मन की गहराई से पढ़ो तुम मेरी कविताओं को
इसलिए सारे लफ्ज़ जज्बातों की चाशनी से लिखती हूं।

．

पता है पसंद आता है तुमको मेरा हर रूप रंग में देखना
श्रृंगार मोहब्बत का करके, तेरे लिए सजती संवरती हूं।

．

एक रोज वादा किया था तुमने की हर शाम मिलने को
बड़ी बेसब्र होकर उस वक्त को हमारे लिए रोकती हूं।

．

कभी चाहा ही नहीं दिल ने की, तुझको भूल जाऊं
तन्हाई में अक्सर यादों के लम्हों को गुनगुनाती रहती हूं।

．

दर्द-ए-जुदाई में तड़पना तो जैसे हक हो गया है मेरा
इश्क की हर रस्म कसम को पूरी ईमानदारी से निभाती हूं।

16. एक तस्वीर तेरे साथ

एक तस्वीर तेरे साथ
हमेशा दिल की फ्रेम में रहें
याद करके सुहाने गुजरे पल
हम एकदूजे के प्रेम में रहे।

.

खींच ली जो तस्वीर तेरे साथ
मन को तेरी ओर खींच ले
बंजर दिल की जमीं को
यादों की बारिश से सींच ले।

.

एक तस्वीर तेरे साथ की
तेरे ताउम्र साथ की अनुभूति दे
जो तू न होगा पास कभी
अभासी तेरे साथ के सुख की प्राप्ति दे।

17. तेरी छुअन से

तेरी छुअन से मैं पावन गंगाजल बन जाऊंगी
मेरे मन के कान्हा का तुलसीदल बन जाऊंगी।

.

श्रृंगार तेरे नाम का, अलंकार तेरे प्रेम का कर
तेरे स्पर्श से प्रिय, महकता संदल बन जाऊंगी।

.

सुबह का सूरज जब रश्मियां बिखेरता आए
तेरे प्यार से रोशन खिलता कमल बन जाऊंगी।

.

हर सांझ तेरी आंखों की बाती बनकर जलू मैं
तेरे दिल की धड़कनों का स्पंदन बन जाऊंगी।

.

मेरी कलम को भी बस तेरा ही पता मालूम
तुझे लफ्जो में समेटकर गज़ल बन जाऊंगी।

.

दूर रहकर भी महसूस करती हूं तुमको पास
तेरे एहसासों में तितली सी चंचल बन जाऊंगी।

.

इत्र सी महकने लगती है तेरे ख्यालों में खोकर
बाहों में भर लो, सीने की हलचल बन जाऊंगी।

.

सौ. रश्मी कौलवार

तेरे ख्यालों से रश्मि को फुर्सत ही कहा पागल
तुम बिन अधूरी थी, अब मुकम्मल बन जाऊंगी।

18. ताज याद दिलाता

ताज याद दिलाता है मोहब्बत कभी मरती नहीं
मिट जाते है चाहनेवाले पर चाहत कभी मरती नहीं।

．

मरकर भी चाहनेवाले हमेशा हमेशा अमर हो जाते है
कहानियां खत्म होती है, निशानियां कभी मरती नहीं।

．

दफ्न हो जाते है प्यार में, एहसासों में जिन्दा रहते है
मिटकर भी इस जहान से यादें कभी मरती नहीं।

．

समाधि भी दर्शनीय बनती ताज याद दिलाता है
किसी खास के लिए मांगी मन्नत कभी मरती नहीं।

．

वफ़ा ए मोहब्बत निभाकर हर दिल में बस जाते है
दूर होकर भी चाहनेवालो की वफ़ा कभी मरती नहीं।

19. तेरी यादों की रोशनी

तेरी यादों की रोशनी से है रश्मि रोशन
बिना तेरे अंधकारमय है सारा जीवन।

डूबती साहिल पर आकर कश्ती मेरी
बिना तेरे स्थिर कहा रह पाता है मन।

जज़्बातों का बवंडर उठता है दिल में
आंसुओं से भर जाते है दोनों नयन।

हृदय में, सांसों में तुम, विचारों में तुम
पागल हुई पिया लागी तेरी ऐसी लगन।

तिल तिल मर रही, टूट रही हर पल
कैसे जियूंगी तेरे बिना एक भी क्षण।

तेरी यादों की रोशनी से पुनः करो रोशन
जीवित कर मुझे तेरा प्रेम ही है संजीवन।

20. प्यार में दिल

प्यार में दिल मासूम, नादान सा बच्चा बन जाता है
झूठ, फरेब, मतलबी दुनिया से दूर सच्चा बन जाता है
किसी के लिए मन में रंज, मनमुटाव, क्रोध ना रहता
मोहब्बत के एहसासों में खोकर अच्छा बन जाता है।

प्यार में दर्द भूल खिलखिलाकर हंसना सीख जाता है
समर्पण कर जीवन, सुख कुर्बान करना सीख जाता है
जहां कोई मान मर्यादा, सिमाये बांध ना सकती है
हर तहज़ीब भूलकर बेपरवाह जीना सीख जाता है।

प्यार में खोकर ख्वाहिशों को नया आसमान मिलता है
चाहत थी जिसकी वो दिल का खोया अरमान मिलता है
अंधेरे जीवन को मोहब्बत की रौशनी से उज्ज्वल करता है
नींद पलकों से ओझल होती ख्वाबों का जहान मिलता है।

21. प्यार जिसे भी छू ले

प्यार जिसे भी छू ले वो पवित्र, पावन, निर्मल बन जाता है
मन का सारा मैल धूल जाता तीर्थ गंगाजल बन जाता है
प्रेम के खूबसूरत, मधुर एहसास दिल में जगह बना लेते है
मन से नफरत मिट जाती है, महकाता संदल बन जाता है।

प्यार जिसे भी छू ले वो चमकता सुवर्णमय कुंदन बन
जाता है
उसके स्पर्श से कस्तूरी समान महकाता चंदन बन जाता है
पैरो तले ख्वाहिशों की जमीं, ऊपर ख्वाबों का आसमान
होता
मन के सारे विकार नष्ट होते, पूजनीय वंदन बन जाता है।

प्यार जिसे भी छू ले वो अटूट विश्वास का बंधन बन
जाता है
जिसके बिना जीवन असंभव, हृदय का स्पंदन बन जाता है
सारी दुनिया एकदम सुंदर, हसीन, अपनी सी लगने लगती
है
जीवन सुखद भावनाओं के अनुभूतियों का मंथन बन जाता
है।

22. तब तक रहो साथ मेरे

तब तक रहो साथ मेरे जब तक अंतिम श्वास रहे
भूल न जाना दिल में तेरी मोहब्बत का एहसास रहे
चाहे कितनी भी दुरिया आए तेरे मेरे दर्मियां कभी
अंतर मायने नही रखता, मन से एकदूजे के पास रहे।

.

तब तक रहो साथ मेरे जब तक प्रेम जीवित रहे
जिस्म चाहे दूर हो, रूह से एकदूसरे में समाहित रहे
जीवन का क्षण प्रतिक्षण मोहब्बत करते गुज़र जाए
निरंतर मन से मन तक प्रेम की गंगा प्रवाहित रहे।

.

तब तक रहो साथ मेरे जब तक पृथ्वी आकाश रहे
चराचर में सारे अखिल ब्रम्हांड में रश्मि का प्रकाश रहे
कोई भी स्थिति परिस्थिति हमें ना जुदा कर पाए कभी
प्रियवर जन्म जन्मांतर का तेरा मेरा साथ काश रहे।

23. मोहब्बत बेइंतीहा खूबसूरत है

मोहब्बत बेइंतीहा खूबसूरत है जब कोई अच्छा लगता है
नींद नहीं आती है, याद में रातभर जागना अच्छा लगता
है।

हम नहीं जानते की किस्मत में साथ लिखा है की नहीं
पर हर दुआओं में उसका साथ मांगना अच्छा लगता है।

माना की कोई हक नहीं होता पर प्यार अधिकार देता
एकदूजे की बेपनाह परवाह करना अच्छा लगता है।

सही गलत, उचित अनुचित सारी आशंकाएं मिट जाती
प्रेम के अंतरंग एहसासों में जीना अच्छा लगता है।

पता नहीं होता ये साथ जन्म जन्मांतर का है की नहीं
पर नामुमकिन सा ख्वाब देखना अच्छा लगता है।

प्यार की खुबसूरती सिर्फ़ प्यार करने से महसूस होगी
मेरा होगा नहीं वो पर उसे मेरा कहना अच्छा लगता है।

24. करवा चौथ

कार्तिक मास के कृष्णपक्ष में आए पावन करवा चौथ
निर्जल व्रत रखे सजनी मन में जलाए प्रेम की ज्योत।

निश्छल, निस्वार्थ, निष्काम नारी का यह परमधर्म
मन, वचन, वाणी से समर्पित होकर करती हर कर्म।

यह व्रत, नियम, तप, साधना दिव्य प्रेम का है प्रतीक
मन में आस्था धारण करके व्रत पालन करती सटीक।

सरगी लेकर विश्वास की करती चौथ का शुभआरंभ
प्रिय के यश, आयु, आरोग्य के लिए करे व्रत प्रारंभ।
करवा चौथ त्यौहार दर्शाए प्रेम की असीम पराकाष्ठा
प्रियतम के लिए प्रेम, समर्पण, त्याग, प्रिय की निष्ठा।

नथनी, बिंदी, पायल, चूड़ी, कंगना करे सोलह श्रृंगार
भूखी प्यासी सजनी करे अपने प्रिय चांद का इंतजार।

निराहार रहके करती प्रिय की दीर्घआयु का संकल्प
प्रगाढ़ प्रेम अर्पण करती मन में ना रखती विकल्प।

चंद्रोदय के होते ही खोलती अपना व्रत प्रिय के हाथ
मांगे मन्नत शिव पार्वती से कभी न छूटे हमारा साथ।

प्रियतम की दीर्घ आयु के रखती कठिन निर्जल व्रत
अखंड सौभाग्य दान के लिए करती अतिकठोर तप।

प्रिय के सुख के लिए दुआएं मांगते मेहंदीवाले हाथ
जीवन के हर उतार चढ़ाव में चाहे सजन का साथ।

इस व्रत के फल स्वरूप प्रेम होता वृद्धिगत और दृढ़
जन्म जन्मांतर का साथ मिलता रिश्ता होता सुदृढ़।

25. कान्हा तेरी मुरत

पवित्र मन मंदिर के सिंहासन पर कान्हा तेरी मुरत
स्थापित है
कैसे विलग कर पाऊंगी तुझसे, मेरी सांस-सांस में तू
समाहित है
हमें परवाह नहीं जमाना हमको पगली-जोगन कहे मन
मोहना
जब जिह्वा रटती कान्हा तेरा नाम, तब रोम-रोम होता
पुलकित है।

.

कर दिया तन मन तेरे हवाले हे! गोविंद जीवन तुमको
समर्पित है
मैं तेरे चरणों को दासी सांवरे, शरणागति मेरी सर्व विहित
है
एक तू ही सहारा मेरा मुकुंद मुरारी, तू ही जग का
पालनहार
ना करना संदेह मेरी प्रीत पर प्रेम मेरा अनंत, अथाह,
असीमित है।

.

मेरी प्रेम भक्ति की शक्ति अतुलनीय, अलौकिक, आत्मिक
है
जहां कोई अभिलाषा नहीं, निस्वार्थ, निश्छल प्रेम मेरा
सात्विक है

सौ. रश्मी कौलवार

हे कान्हा ना होगी प्रीत मेरी कम कभी जब तक तन में
प्राण है
हृदय से अखंड, अविरल बहती प्रेम की धारा होती प्रवाहित
है।

हे कान्हा ना होगी प्रीत मेरी कम कभी जब तक तन में
प्राण है
हृदय से अखंड, अविरल बहती प्रेम की धारा होती प्रवाहित

26. तेरे इश्क़ की गर्माहट

तेरे इश्क़ की गर्माहट महसूस करना अच्छा लगता है
तेरी बाहों के घेरे में कैद होकर खोना अच्छा लगता है।

सामने तो बहुत अकड़ के रहते हो की पकड़ नहीं आते
बिना जताए चुपचाप मेरी परवाह करना अच्छा लगता है।

जहा मेरी फिक्र है, भावनाओं की कद्र है, इश्क में सब्र है
तेरी हर आदत, जरूरत का ध्यान रखना अच्छा लगता है।

यूंही मुझसे रूठकर, लड़कर भले दूर भाग जाते हो तुम
पर मेरे लिए सारी दुनिया से तेरा लड़ना अच्छा लगता है।

बिना कहे, बिना बोले समझ लेते हो मेरे मन के जज़्बात
मेरी नज़र पढ़कर हर उलझन सुलझाना अच्छा लगता है।

तेरा बात पर छेड़ना, रूठ जाऊं तो मनाना हर लम्हा खास
वजह बेवजह हर वक्त तेरा प्यार जताना अच्छा लगता है।

मेरे साथ, मेरी हर चीज पर नियंत्रण कर लेना सिख गए
निस्वार्थ, मिश्चल मन से पूजा, व्रत रखना अच्छा लगता ।

27. ख्वाहिश इतनी सी

ख्वाहिश इतनी सी तेरे नाम की बिंदी लगाने आ जाना
रूह तलक स्पर्श हो तेरा, होठों से माथा चूमने आ जाना।

शिकायत ना होगी ईश्वर से गर सांसे भी रुक जाए मेरी
पर एक पल के लिए सही मुझे अपना बनाने आ जाना।

ऐसे फूट पड़ू की बह जाए सारा दर्द आगोश में आकर
सारे अंतर मिट जाए हृदय से करीब इतने आ जाना।

तेरी बाहों में समाकर खुद को मैं कर दूंगी तेरे हवाले
दिल में किसी को स्थान ना मिले ऐसे समाने आ जाना।

मानती हूं प्रेम पाने से ज्यादा त्याग और समर्पण में है
पर दिल है की माने न इस पगली की समझाने आ जाना।

इंतजार ना रहे आंखों में बस मिलन की खुशी बरसे
ताउम्र के लिए यादगार मिलन की घड़ियां देने आ जाना।

किसी शब्द, परिभाषा से ऊपर है सच्ची चाहत रश्मि
एक मुलाकात में प्रेम की दिव्य अनुभूति पाने आ जाना।

28. तेरे इश्क की यूं आदत लगी

तेरे इश्क की यूं आदत लगी की हम प्रेम में गढ़ना चाहते है
करीब से तेरे चेहरे का हर भाव नजदीक से पढ़ना चाहते है।

.

बिठाकर तुमको अपने पलकों पर ख्वाबों में रंग भरना है
मेरे दिल की अंगूठी में तेरे प्रेम का नगीना मढ़ना चाहते है।

.

चाहत जिसकी दिखेगा वो मोहब्बत का असीमित क्षितिज
खोकर तुम्हारी आंखों के प्यालों में हम गढ़ना चाहते है।

.

तुम्हारी उंगलियों में अपनी उंगलियां फसाकर चलते रहे
प्रेम की अनंत राह पर तेरे साथ साथ आगे बढ़ना चाहते है।

.

कर दिया खुद को तेरे हवाले हम बस तेरे होना चाहते है
छोटी बड़ी बात पर रूठकर मनाकर तुमसे लड़ना चाहते है।

.

जो हम लिखते है मोहब्बत भरे एहसासों के मधुर गीत
तेरे कांधे पर सर रखकर सुकून से हम पढ़ना चाहते है।

तेरे इश्क़ की आदत को हमने अब इबादत बना लिया है
मोहब्बत के अथाह, अथांग आसमान में उड़ना चाहते है।

आज कल नहीं उम्र के आखरी पड़ाव तक साथ चाहिए
कभी ना जुदा हो पाए हम तुमसे रूह से जुड़ना चाहते है।

तेरे इश्क की आदत, जरूरत, सोहबत, इनायत बन गई
मोहब्बत की सीढ़ी तेरा हाथ पकड़कर चढ़ना चाहते है।

29. स्वार्थ मेरा

कुछ न करती तुम्हारे लिए निजस्वार्थ इसमें मेरा है
ये शब्द भी ना नाप सकेंगे मेरा प्रेम इतना गहरा है।

.

त्याग, बलिदान कुछ ना की बस दिल तुमपे हारा है
तेरे पास आता बावरा मन, तुमसे जुड़ा संसार सारा है।

.

एक तू भी ना समझे की तू कितना जान से प्यारा है
याद करते तन्हाई में अक्सर हमने तेरा नाम पुकारा है।

.

जागती सोती अंखियों में बस तेरा ही एक चेहरा है
तेरी हर जिद्द, ख्वाहिश में मेरी तमन्नाओ का बसेरा है।

.

रुकती ना विरहा में बहती आंसूओ की निर्झर धारा है
ख्वाहिश क्या पूरी करेगा तेरी, जो खुद टूटता तारा है।

30. खत और तुम

खत और तुम दोनों का मुझे बेसब्री से इंतज़ार है
खत मेरी चाहत तुम मेरी मोहब्बत दोनों से प्यार है।

तुमसे मेरे जज़्बात जुड़े खत जज़्बातों का भंडार है
दोनों की एक झलक से बेकरार दिल को करार है।

खत दिल का लिखित सार, तुमसे मेरा संसार है
दोनों है अनमोल, दोनों से जुड़े मेरे दिल के तार है।

लफ्ज़ नहीं खत दिल के कहे अनकहे से विचार है
प्रेम की पाती, दूरियों में भी देते दिल को करार है।

तू मेरे दिल की धड़कन, तुमसे हर पल यादगार है
तुम्हारे खत और तुम मेरी ज़िन्दगी का आधार है।

31. एक बात कहूं

एक बात कहूं तुम मेरी हर जिद्द को मानोगे क्या?
मेरे दिल की कही अनकही बात को जानोगे क्या?
जैसे भी हूं सिर्फ तुम्हारी हूं तुमसे ही प्यार करती हूं
जब भी रूठ जाऊं तुमसे प्यार से मुझे मनाओगे क्या?

कुछ छुपाऊ तुमसे तो राज दिल के टटोलोगे क्या?
छेड़कर जब रुलाते हो रुलाते रुलाते हसाओगे क्या?
खोना ना चाहती तुमको तो कुछ नादानी कर देती हूं
थोड़ी पगली हूं बचपना, नादानी मेरी समझोगे क्या?

मांग इतनी सी मेरी मांग में प्यार के सितारे भरोगे क्या?
तेरे दिल पर हक नहीं पर प्रेम पर अधिकार दोगे क्या?
नामुमकिन सी तमन्नाओ को मुमकिन बना दो तुम जरा
ख्वाहिशों के पंख देकर ख्वाबों की सैर कराओगे क्या?

एक बात कहूं तो दिल से मेरी हर बात को सुनोगे क्या?
संसार क्या कहेगा ये बात भूलकर गले लगाओगे क्या?
कुछ पल जिन्दगी के बस हमारे लिये हस्तांतरित कर दो
अपना नाम मेरे जीवन के पुस्तक पर तुम लिखोगे क्या?

32. राधाकृष्ण की भांति

राधाकृष्ण की भांति अमर अपनी दास्तान-ए-मोहब्बत हो
जहां प्रेम स्वार्थ मतलबी नहीं, त्याग समर्पण से लिप्त हो।

.

जहां पाने से ज्यादा देने का भाव, कोई लालसा न मोह हो
निस्वार्थ, निश्छल, निष्कपट, निर्मोही प्रीति ही पर्याप्त हो।

.

जहां एकदूसरे का साथ जरूरत से नहीं बस जरूरी हो
विशुद्ध अंतकरण से समर्पित प्रेम अनंत असीम व्याप्त हो।

.

सारे विश्व में प्रेम की पराकाष्ठा का उत्तर उदाहरण बना हो
पवित्र साधना सा विश्वास से परिपूर्ण मोह से निर्लिप्त हो।

.

दो शरीर एक आत्मा एक प्राण जैसे ऐसा दिव्य मिलन हो
अमर हो जाए कहानी प्रेम की चाहे जग सारा समाप्त हो।

33. तेरा मिलना जैसे

तेरा मिलना जैसे कड़कती धूप में हो शीतल सी बरसात
विरहा के लंबे इंतजार के बाद आई हो मिलन की रात
कांटों भरे दामन को अचानक से मिले फूलों की सौगात
खुशियां चूमे दामन मेरा और हर दर्द से मिल जाए
निजात।

तेरा मिलना जैसे मुकम्मल हो जाए कोई अधूरा सा ख्वाब
फकीर की झोली में भर जाए तोहफ़े कोई अनमोल नायाब
प्यार के इम्तिहान में हार की कगार पर हो जाए कामयाब
उमंग, उत्साह, रोमांच से भरपूर ज़िन्दगी बन जाए
लाजवाब।

तेरा मिलना जैसे बेकरार बेचैन दिल को मिल जाए करार
तेरे एक दीदार से खत्म हो जाए प्यासी अंखियों का
इंतज़ार
खुल जाए दिल की बंद कली, जीवन बन जाए कोई त्यौहार
तेरे मिलने से वीरान पतझड़ के बाद आए प्यार की बसंत
बहार।

34. एहसास रह जाता

छुआ जो लबों को तूने एहसास रह जाता है
सांसे घुलती है सांसों में आभास रह जाता है।

．

तपती तन की धरा पर मोहब्बत बरसाता तू
सुगंध से भरपूर महकता मधुमास रह जाता है।

．

तृप्ति कहा इस प्रणय सुख के तृष्णा की
कितना भी अनुभव करू प्यास रह जाता है।

．

महसूस होता तेरा स्पर्श रोमांचित करता मुझे
दुरियो में भी तेरे स्पर्श का वास रह जाता है।

．

तन से तन की गर्मी भीगो देती मेरे मन को
शीतल प्यार की बौछार में सहवास रह जाता है।

35. तुमसे मोहब्बत हो गई

प्रेम के धागे से तुझको मुझ से बांधना चाहती हूं
सतरंगी मोहब्बत के रंगों में मैं रंगना चाहती हूं।

कुछ सुनूं तेरी बातें, अपनी ज्यादा बाते बताती हूं
कभी तुझ से रूठकर, तुझे ही मनाना चाहती हूं।

माना की जिद्दी हूं बहुत, कुछ ज्यादा ही हठी हूं
हमेशा तुमपर अपना ज्यादा हक जताना चाहती हूं।

अपनी चाहत को हर बला, बुरी नज़र से बचाती हूं
खुद पर तेरा अटूट विश्वास बनाए रखना चाहती हूं।

मन जीत लिया तुमने, अपनी हार स्वीकार करती हूं
दिल के तख्त पर हमेशा तुमको बिठाना चाहती हूं।

याद रखेगी सारी दुनिया मैं ऐसी चाहत करती हूं
दिल में संजोकर लफ्जों में तुमको पिरोना चाहती हूं।

तुमसे मोहब्बत हो गई है बार बार तुमसे कहती हूं
उम्रभर तुमसे लड़ना, झगड़ना, प्यार करना चाहती हूं।

36. ये है मोहब्बत

दिल ए बेकरारी की कसक है मोहब्बत
तेरी बाहों के सुकूं की सनक है मोहब्बत।

मेरा तुझसे मिलने का तड़पना है मोहब्बत
बारिश बनके तेरा खुलके बरसाना है मोहब्बत।

तेरे इंतज़ार में मेरा बिखरना है मोहब्बत
एक तेरे दीदार में मेरा निखरना है मोहब्बत।

मेरा तेरे लिए हर्फ हर्फ लिखना है मोहब्बत
दिल की अनसुनी बातो सुनना है मोहब्बत।

37. कुछ पल के लिए

कुछ पल के लिए वक्त की धार को रोक दिया
सौंप कर तुझको, मोहब्बत में खुद को झोंक दिया।

रोका ना खुद को तुझमें मुझ को मिला दिया
कांधे पर सर रखकर मेरे हर दर्द को बहा दिया।

कर के खुद को तेरे हवाले मोहब्बत को जता दिया
दिल की सारी कही अनकही बातों को बता दिया।

टटोलकर अपने मन को दिल का हाल सुना दिया
तेरी आगोश में आकर हमने खुद को भी भुला दिया।

तेरे संग कितनी अनमोल यादों को समेट दिया
एक ही मुलाकात में अपना दिल तुमको भेंट दिया।

38. और करीब तो आओ

जरा और करीब आओ साथिया तुमको अपनी बाहों का हार
दूंगी

अब घुलने दो सांसों में सांसे जरा, महकोगे तुम इश्क हर-
सिंगार दूंगी

मैं बन जाऊं प्रेमगंगा, समा जाऊं तेरे दिल के अथाह सागर
में कहीं

खिलती रहेगी जीवन की बगिया, वो सुगंधित मोहब्बत की
बहार दूंगी।

.

जरा और करीब तो आओ साथिया उतरे ना कभी नशा-ए-
प्यार दूंगी

आलिंगित करके तुझे मुझे, दिल से सारी दुनिया के ख्याल
बिसार दूंगी

मिल जाती है सुकून-ए-राहत तेरी पनाहों में आकर हमदम
मेरे

हृदय सिंहासन पर बिठा लिया तुम्हें, अब जीवन भी तुमपे
वार दूंगी।

.

जरा और करीब तो आओ साथिया मोहब्बत का खूबसूरत
श्रृंगार दूंगी

अब मिटाकर सारी दूरियां तुमको अपने जिस्म से रूह तक
उतार दूंगी

बेसुध सी हो गई हूं तेरी मोहब्बत में सनम अब खुद का
भी होश नहीं
रम जाओगे मुझमें हमेशा हमेशा वो मोहब्बत से भरा
प्यारा संसार दूंगी।

39. तेरी मोहब्बत का असर

तेरी मोहब्बत का असर कुछ ऐसा होने लगा है
तेरे ख्वाबों, ख्यालों में अक्सर दिल खोने लगा है।

सुप्त मन में हर्ष की एक उमंग सी जागने लगी है
दिल की सतह पर मोहब्बत के बीज बोने लगा है।

सरल, सुंदर, निर्मल भावनाओ को लिखने लगे है
यादगार लम्हों को अब मन शब्दों में पिरोने लगा है।

जागती आंखों को सुकून ए राहत मिल जाती है
स्वप्निल, सलोने ख्वाबों की आस में सोने लगा है ।

एकपल भी मोहब्बत की बिना चैन को चैन नहीं है
इश्क ख्वाहिशों को अपने साथ दिल ढोने लगा है।

40. प्यार के रास्ते पर अक्सर

लाखों चेहरों के बीच मुझे तेरी ही सुरत चाहिए
बिठा लूं अपने मनमंदिर में, बस तेरी ही मूरत चाहिए।

.

क्या करूंगी हीरे, मोती, अनमोल तोहफ़ा का मैं भला
मुझे मालामाल करती, तेरे इश्क की दौलत चाहिए ।

.

दिल से दिल जुड़ जाते है पर नसीब का भरोसा नहीं
जुदा न कर पाए कोई तुझे मुझसे ऐसी किस्मत चाहिए।

.

शिकवे शिकायते दूर हो, लम्हें मोहब्बत भरे तेरे संग हो
तेरी बाहों में सुकून मिल जाए ऐसी इनायत चाहिए ।

.

प्यार के रास्ते पर अक्सर लोग साथ छोड़ जाते है
छूटे ना कभी साथ, ताउम्र के लिए तेरी मोहब्बत चाहिए।

41. तेरी बाहों के घेरे

बड़ा अजब है एक साहिब पर दिल का आना हमारा
उफ्फ! गज़ब है तेरी बाहों के घेरे में बिखरना हमारा।

.

एकदुजे की बाहों में बर्फ की तरह पिघल जाते है
सारा ज़माना भूलकर तेरी बाहों में खो जाना हमारा।

.

निगाहों में तेरी बस प्यार ही प्यार बरसता है
देखकर तुझे, कहां रहता है खुशी का ठिकाना हमारा।

.

दिन-रात, वक्त-बेवक्त का होश कहा रहता है
एकदूसरें में लबों की मिश्री सा घूल जाना हमारा।

.

तेरे बदन की खुशबू, मेरी रूह तक आती है
कितना हसीन है पास न होकर एकदुजे में समाना हमारा।

42. नर्म एहसासों में तुम्हारे

फूलों से नर्म एहसास तुम्हारे मन को गुदगुदाया करते है
जिस्म से रूह तक मोहक स्पर्श से सुगंधित किया करते है
मुझे शौक बस अब तुझको एहसासों में महसूस कर लूं
तेरे ख्याल में खोकर नग़्मा -ए-मोहब्बत गुनगुनाया करते
है।

.

तन्हाई में अक्सर हम मन ही मन में मुस्कुराया करते है
कोई पूछे हमसे वजह क्या?तो हंसकर टाल दिया करते है
पढ़ ना ले कोई इन मोहब्बत के एहसासों को इस खौंफ़ से
अपनी नज़्म, कविता, खत तकिए के नीचे छुपाया करते
है।

.

नर्म एहसासों में तुम्हारे लम्हें मोहब्बत के जिया करते है
तेरे नाम की पहचान, श्रृंगार मोहब्बत का किया करते है
अगर खुदा पूछे तेरी आखिरी रजा क्या है बता रश्मि
तेरे एहसासों में जीना मरना है मुझको बताया करते है।

43. ग़ज़ल लिख रही हूं

आज अपनें लफ्जों से मोहब्बत की कहानी लिख रही हूं
स्याही के बहते पानी से अश्कों का पानी लिख रही हूं।
उसके दिल के तख्तोताज पर राज करनी लगी जब से
उस मन के राजा को, उसके मन की रानी लिख रही हूं।
भूलकर सारी दुनिया खो गई मोहब्बत के जहान में
खुद को मोहब्बत की पागली सी दीवानी लिख रही हूं।
नासमझ थी जो समझी ना उसके दिल के जज़्बात
अपने लफ़्ज़ों से अपनी ही सारी नादानी लिख रही हूं।
उसके बिना जैसे रूह बिना जिस्म, सांसों बिन ज़िंदगी
उसकी मोहब्बत को खुदा की मेहरबानी लिख रही हूं।
शोना, बाबू, जान कहकर प्यार जताती थी हमेशा
रूह के सबसे करीब उसे अपना दिलजानी लिख रही हूं।
दिल का हर दर्द रूहानी ग़ज़ल बनकर निखर गया
हर्फ़- हर्फ़ लफ़्ज़ों से सजा मिसरा-ए-सानी लिख रही हूं।

44. तू मुझमें समाया है

तू मुझमें समाया है प्रियवर, हम हुए तेरे इश्क में चूर
एक सांस एक धड़कन हुए, हुए तुम्हारे चश्म-ए-बद्दूर।

बना लो अपनी जान, हर रस्म-कसम को निभाकर
चाहत पर अधिकार दो, भर दो मेरी मांग में सिंदूर।

दुरियों की बात ना करना, हमेशा रहूंगी तेरे पास सदा
ज़िन्दगी की राह में हमसफ़र जाना है हमें बहुत दूर।

तू मुझमें समाया मेरे बेजान जिस्म की जान बनकर
साथ तेरा पाने को सनम जिन्दगी का हर सितम मंजूर।

लिखती हूं तेरे प्यार में पागल होकर नज़में सुबह शाम
महफ़िल-ए-मोहब्बत आबाद,रौशन हुई आपसे ही हुज़ूर।

तमन्ना बस इतनी सी नज़र भर के देख लूं तुमको सदा
मर कर भी तेरी यादों में, तुझमें जिंदा रहूंगी मैं जरूर।

मैं बनकर प्रेम नदिया समा जाऊं तेरे दिल के दरिया में
ऐसा प्यार करू की मोहब्बत को भी हो मेरी चाहत पे
गुरुर।

सौ. रश्मी कौलवार

45. कुछ एहसास ऐसे होते

कुछ एहसास ऐसे होते है जो लफ्जों से परे होते है
रूह तक को छू जाते है मखमली स्पर्श से भरे होते है
ना झूठ, ना फरेब का रंग लगा होता है इन एहसासों में
बनावटी, दिखावटी नहीं होते असली सोने से खरे होते है।

.

कुछ एहसास ऐसे होते है जिसपर हम दिल हारे होते है
जिंदगी को रौशनी से भर देते वो चमकते सितारे होते है
हजारों रंगो से सजने लगती है दुनिया इन एहसासों से
मन को आकर्षित करते, ऐसे हसीन से नजारे होते है।

.

कुछ एहसास ऐसे होते है जो होठों से बयां नहीं होते है
मन को रोमांचित करते मयूरपंखी, नाजुक रूहानी होते है
दिल से दिल तक बिन बोले, बिन कहे ही पहुंच जाते है
इतिहास के पन्नो में छुपी अनकही सी कहानी होते है।

46. धड़कन

अपने दिल और धड़कन में बसाने का शुक्रिया
इस बेरंग सी जिंदगी को रंगीन बनाने का शुक्रिया।

कहने को तो सब अपने पर समझता कोई नहीं
सब कुछ समझ कर मुझे अपनाने का शुक्रिया।

सुख के सब साथी दुख में साथ ना देता कोई
जिंदगी के हर हाल में साथ निभाने का शुक्रिया।

खुद के सवालों में जिंदगी उलझ जाती है कभी
जानकर मुझे सारी उलझने सुलझाने का शुक्रिया।

रुको वक्त देते देते, ना जाने कब खुद से रूठ गई
मुझे खुद से ही प्यार करना सिखाने का शुक्रिया।

जिंदगी खिलखिलाकर, मुस्कुराने लगी फिर से
बेजान दिल की धड़कन का गीत बनने का शुक्रिया।

47. गुज़ारिश

कर दो मुकम्मल दिल की चाहतों को आज़माइश है मेरी
आओ भर दो मांग में तेरे नाम का सिंदूर गुज़ारिश है मेरी।

तेरे बिना एक कसक सी दिल में उठती, तड़पता है मन
बैचेन दिल की राहत हो तुम, तेरा साथ ख़्वाहिश है मेरी।

है नहीं तमन्ना दूजी ज़िन्दगी में मेरी बस तू मेरे करीब हो
रहूं तुझमें तेरी रूह में तेरी होकर हमेशा अराइश है मेरी।

तेरी दिल की सतह पर मेरी चाहत को थोड़ी पनाह मिले
चंद लम्हें तेरी बाहों का सहारा मिले इतनी गुंजाइश है
मेरी।

ज़िंदा हो गई मरे हुए जज़्बातों की रवनिया तेरे आने से
वफ़ा-ए-मोहब्बत से रौशन ये रश्मि हो सिफ़ारिश है मेरी।

दस्तक देने लगे है ख़्वाब, गुल-ए-गुलज़ार हुई है ज़िन्दगी
मिटा दो तेरे मेरे बीच का ये अंतर सनम पैमाईश है मेरी।

रश्मि के दिल में अब तक कोई नहीं था, ना कोई होगा
मेरे दिल के तख़्त पर तेरा ही राज हो फ़रमाइश है मेरी।

सौ. रश्मी कौलवार

48. रूहानी सी मोहब्बत

रूहानी सी मोहब्बत अब कहानी हो गई
बेपनाह सी चाहत की बात पुरानी हो गई।

कपड़ों की तरह प्यार को बदल देते है यहां
रंग बदलती मोहब्बत अब जिस्मानी हो गई।

दिखावटी और बनावटी प्यार पनपता यहां
सच्चे प्यार पे झूठी चाहत की मनमानी हो गई।

पलभर के सुख के लिए लोग गिर जाते यहां
आज आसुओं की कीमत बहता पानी हो गई।

मोहब्बत को खेल समझनेवाला राजा यहां
दिल की बाजी जितने वाली रानी हो गई।

49. यादों का बाज़ार

सुंदर, सलोना यादों का बाज़ार है मन में
हर किसी की चाहतों का हसीन संसार है मन में।

हर्षित करता, स्पर्षित करता, रोमांचित करता
उत्साह, उमंग, उन्माद भरता एक त्यौहार है मन में।

चलचित्र की तरह स्मृतिपटल पर चलता
सुकून का एहसास देता प्यारा इतवार है मन में।

बीते सुहाने लम्हों को फिर से जी लेता
वर्तमान की कीमत चुकाता एक व्यापार है मन में।
सुख, दुख, प्यार, तकरार हर लम्हा जीता
बहुरंगी, बहुआयामी मस्त किरदार है मन में।

कितनी हसीन यादों के मोती संजोता
सारी दुनिया से छुपाता कोई राजदार है मन में।

50. मेरे करीब हो तुम

जिस्म से मीलों दूर हो मगर रूह से मेरे करीब हो तुम
हाथों की लकीरों में साथ नहीं पर मेरा नसीब हो तुम
बंजर दिल की जमीं को मोहब्बत से गुलज़ार किया तूने
चाहे फासले कितने भी हो दरमिया मेरे हबीब हो तुम।

खिल उठता चेहरा नाम तेरा सुनकर मेरी खुशी हो तुम
तेरी मोहब्बत से रौशन ये "रश्मि"मेरे हमनशी हो तुम
तेरे ख्यालों में खोकर ही दिल ए सुकून पा लेते है हम
धड़कता है बेचैन दिल तेरे लिए, मेरे जांनशी हो तुम।

दिन रात बस तेरा ही ख्याल मन में मेरी दीवानगी हो तुम
चाहत से ज्यादा इबादत करते तेरी, मेरी बंदगी हो तुम
वफ़ा ए मोहब्बत में हमनें कर दिया खुद को तेरे हवाले
सांसे ही क्या जान भी तेरे नाम की मेरी ज़िन्दगी हो तुम।

51. फिदा हूं तुझपे

फिदा हूं तुझपे सनम तेरे लिए हर सितम मंजूर है यारा
मोहब्बत के लिए चुकानी पड़े तो हर रकम मंजूर है यारा।

मोहब्बत में मिलती है रुसवाईयां, तन्हाईया, दूरियां कभी
तेरे कुछ पल के साथ के लिए मुझे हर गम मंजूर है यारा।

बस तू मरहम बन जाए मेरा, मुझको और क्या चाहिए
फिर इस दुनिया ने जो दिया हमें हर जखम मंजूर है यारा।

सफ़र ए मंज़िल मिले ना मिले ये तो किस्मत की बात है
तू साथ है तो जिन्दगी के सफ़र का हर कदम मंजूर है
यारा।

जब तक है सांस वादा करती रश्मि तेरा साथ निभाने का
मुझे तुझको अब तक दी गई हर कसम मंजूर है यारा।

52. मेरी कल्पना ने सिखाया

मेरी कल्पना ने सिखाया कविताओं को अभिव्यक्त करना
अपने मस्तिष्क की कल्पनाओं को शब्दों में मुक्त करना
मन की भावना, विचार कही मन में दबे न दबे रहे कहीं
दिल में छुपी भावनाओं को कविताओं में रिक्त करना।

मेरी कल्पना ने सिखाया अपने विचारों को चित्रित करना
लिखकर अपनी सोच को, विचारों को नियंत्रित करना
ना किसी का डर, ना बंदिश हो कोई, ना पाबंदी किसी की
अपनी कल्पनाओं को समेटकर शब्दों में सुसुत्रित करना।

मेरी कल्पना ने सिखाया दृष्टि से परे सृष्टि को देखना
हकीकत में जो ना मिला कल्पना में उसे अनुभव करना
अपनी ख्वाबों, ख्वाहिशों को कल्पनाओं के रंग भरना
सारे दुख, दर्द भूलकर कल्पना का सुंदर विश्व में रमना।

53. उसकी महक से

उसकी महक से खिल उठता है मन का गुलशन
उसकी छुअन से हल्दी से बन जाती हूं संदल
बरस जाता है वो ऐसे जैसे आया झूमता सावन
उसकी प्रेम वर्षा से भीग जाता है तन बदन।

.

उसकी महक से सुगंधित होता मन का आंगन
मनमयूरा नाच उठता, भावविभोर होता कण कण
उसके साथ जिंदा होता जीवन का प्रत्येक क्षण
उसके करीब होने से परिपूर्ण होता है जीवन।

.

उसकी महक से महकाता है दिल का चितवन
स्पर्श उसका जादुई, बढ़ जाता हृदय का स्पंदन
उन्मुक्त होता मन, ना कोई बंदिश, ना कोई बंधन
यादों की महक बनकर रहता जैसे सुगंधित चंदन।

54. कहाँ तुम कहाँ हम

कहाँ तुम कहाँ हम फिर भी जुड़ा दिल का कनेक्शन
फासले दोनों के दर्मियां फिर भी मन में है अट्रैक्शन।

यादों में, ख्वाबों में, दिल की गहराई में बसे है ऐसे
जुदा न हो पाएंगे एकदूजे से ऐसा लव अफेक्शन।

चैटिंग -शेटिंग, कॉलिंग-मिसिंग अमेजिंग ये फीलिंग
दिल के आईने में होता तेरी यादों का रिफ्लेक्शन।

उफ्फ़! बात ना होती तब अज़ब सी बेचैनी होती है
दूर कितने भी हो टाइम से देते एकदूजे को अटेंशन।

माइंड ब्लोइंग सी छोटी सी लवस्टोरी बहुत स्पेशल
कोई न समझ पाएगा कल्पना से ऊपर ये फिक्शन।

कहाँ तुम कहाँ हम फिर भी दिल एकदूजे के पास
शब्दों से परे गहरा हमारा दिल से दिल का रिलेशन।

ऑनलाइन से ऑफलाइन हुआ प्यार समझ न आया
ज़िन्दगी की फेसबुक पेज पर हुई हमारी स्टोरी मेंशन।

55. तेरे श्रृंगार से

तेरे श्रृंगार से प्रियतमा, मिलन की आस बढ़ जाती है
कितना भी सौन्दर्य का रसपान करू प्यास बढ़ जाती है।

छनछन करती पायल तेरी प्रणय का निवेदन दे जाती है
कजरारी काली अंखियां प्रेम का आमंत्रण दे जाती है।

खनखन करती रंगीली चूड़ियां मुझे तेरे पास बुलाती है
बिंदिया, नथनी, गजरा प्यार का सुखद एहसास जगाती है।

तेरे श्रृंगार से प्रियतमा, मन की आसक्ति बढ़ जाती है
तेरे रूप यौवन का विचार में मेरी बुद्धि गढ़ जाती है।

प्रिया, तू ही तू मेरे हृदय मंदिर में विराजित हो जाती है
तेरे रूप का वर्णन करते कविता स्फूटित हो जाती है।

56. बातें ख्वाबों की

बातें ख्वाबों की करके हकीकत की नई शुरुआत होगी
अरमानों से सजी फूलों की ज़िंदगी की हसीं बागात होगी।

जहां वफ़ा, चाहत, मोहब्बत से खिला चमन होगा
ख्वाबों से सजे आंगन में सिर्फ़ खुशियों की बरसात होगी।

सोई अंखियों से देखे सपने एक दिन मुकम्मल होंगे
पलकों पर सजे ख्वाबों की हकीकत से मुलाकात होगी।

मेरी हाथों में तेरा हाथ होगा, ताउम्र का हमारा साथ होगा
तमन्नाओं से रौशन सितारों से सजी सुरमई सी रात होगी

रखेंगे सर तेरे कंधे पर, ज़िंदगी के हर रंज-ओ-गम दूर होंगे
छटेंगे दर्द के बादल, ज़िंदगी में मोहब्बत की सौगात होगी।

57. तुम्हें अपना बनाकर

तुम्हें अपना बनाकर कभी ना होंगे तुमसे जुदा
तुमको अपना सबकुछ माना तुम ही मेरे खुदा
चाहत से भी चाहते रहेंगे हम तुमको ज्यादा
जब तक है सांसें मोहब्बत करते रहेंगे सदा।

तुम्हें अपना बनाकर कर देंगे सबकुछ समर्पण
दिल ही क्या अपना सारा जीवन करेंगे अर्पण
दूर होंगे तब मन मंदिर में कर लेंगे तेरा दर्शन
झांक लेंगे खुद को बनाकर अपना तुझे दर्पण।

तुम्हें अपना बनाकर करेंगे ज़िंदगी में शामिल
तू ही ज़िंदगी का सफ़र, तू ही है मेरी मंजिल
जीवन की कश्ती को मिलेगा जैसे साहिल
सारे ख्वाब, ख्वाहिशें, खुशियां होगी हासिल।

58. जो करीब होते है

जो करीब होते हैं, पर वो तक़दीर में नहीं
मन में रहते है, पर हाथों के लक़ीर में नहीं ।

．

सांस बनकर जुड़ जाते है जीवन से
दिल जीत लेते है, पर ज़िंदगी के जागीर में नहीं ।

．

चाहत से ज्यादा चाहने लगते है एकदूसरें से
दिल से बंध जाते है, पर रिश्तों की जंजीर में नहीं ।

．

दुरियो में भी महसूस करते है साथ को
दूर जब होते है, पर एकदूजे बिन अमीर में नहीं।

．

जो करीब होते है, दूर हो,कर दूर न होते
शिद्दत से चाहते है, इश्क से बढ़कर कोई हीर नहीं।

59. अधिकार

जब दो दिलों में चाहत होती है बेशुमार
पा लेते है एकदुजे के जीवन पे अधिकार।

आंखें मूंद कर विश्वास होता एकदुसरे पर
किसी भी परिस्थिति में करते नहीं तकरार।

अधिकार बना देता है कर्तव्य प्रति जिम्मेदार
कर्तव्यवहन करके होते सुखदुःख के भागीदार।

उचित अनुचित से अवगत कराता है अधिकार
एकनिष्ठा से समर्पण करने को हो जाते है तैयार।

हर रिश्ता बेजान जहां होता नहीं है अधिकार
बांध देता रिश्तों की कड़ी जुड़ जाते दिल के तार।

60. नज़राना इश्क़ का

आसुओं की स्याही से लिखा जाता है फ़साना इश्क़ का
दर्द, तड़प, घूटन, जुदाई में मिलता नज़राना इश्क़ का
बेकरार होकर तड़पते, तरसते रहते है सनम के लिए
दिलबर के साथ बिन मिलता कहा ठिकाना इश्क़ का।

मिलन, यादें, वादे, खुशियों से सजा खज़ाना इश्क़ का
रूठना मनाना, पाना खोना ये तो बस बहाना इश्क़ का
सुना है सस्ता नहीं बड़ा महंगा सौदा है वफ़ा-ए-मोहब्बत
प्रेमी को ज़िंदगीभर चुकाना पड़ता है हरज़ाना इश्क़ का।

कभी पुराना नहीं हमेशा नया होता है जमाना इश्क़ का
दिलबर का दिल ही है सुकून-ए-आशियाना इश्क़ का
दीवानगी की हद से गुज़रकर इम्तिहान देते है चाहनेवाले
फिर भी आज भी है सारा ज़माना दीवाना इश्क़ का।

61. तुम्हारा प्यार पाकर

तुम्हारा प्यार पाकर प्रियवर, खुशनुमा सारे लम्हात हुए
महका दिल का चमन, खिले-खिले दिल के जज़्बात हुए।

आए हो ज़िंदगी में बहार बनकर, अब तुमसे दूर जाना नहीं
एक पल भी तुम बिन रह न पाऊं, कुछ ऐसे ताल्लुकात हुए।

पाकर तेरी प्यार प्रिय, बेजान सी सारी ख्वाहिशें हुई ज़िंदा
वफ़ा-ए-मोहब्बत से रौशन ज़िंदगी के हर दिन-ओ-रात हुए।

खुशनसीबी दस्तक देने लगी, खुशियों से भर गया मन
चाहत थी जिसकी खुली आंखों से देखे ख़्वाब इसबात हुए।

तेरे प्यार की नायाब दौलत पाकर अमीर हो गई "रश्मि"
रूह से जुड़ा दिल का बंधन की तेरे शरीक-ए-हयात हुए।

62. ख़्वाहिश है तेरी,

ख़्वाहिश है तेरी, अब तेरे बिन ज़िंदगी की कोई खुशी बसर
नहीं
तेरे ख़्याल न मन में उमड़ आया हो, ऐसी दिन की कोई
पहर नहीं।

.

तेरी मोहब्बत को लफ्जों में पिरोने के सिवा मुझे कुछ
आता नहीं
डूब गए है दरियां -ए-मोहब्बत में, अब खुद की खुद को
खबर नहीं।

.

दुरियों में महसूस होता है स्पर्श तेरा, इस हद तक
मोहब्बत हुई
तड़पते है जैसे जल बिन मछली, अब तेरे सिवा कोई रह
गुज़र नहीं।

.

एक बार मुकर्रर कर दो अपनी मोहब्बत रूहानी एहसासों से
तुम
ताउम्र चलूंगी तेरे साथ साथ, तुम बिन ज़िंदगी का सफ़र
नहीं।

.

मन की ख़्वाहिशे मचल रही है, एकबार कर दो बयां रश्मि
से

सौ. रश्मी कौलवार

समझेंगे तेरे दिल की हर बात को, तुम जैसा कोई हमसफ़र नही।

63. ये बेपरवाह दिल

ये बेपरवाह दिल, दिमाग से बग़ावत कर रहा है
कर रहा गुस्ताख़ीयां तुमसे मोहब्बत कर रहा है।

ना मान रहा मन की बात, ना जमाने की चिंता
रस्मों की बंदिशे तोड़ने की हिम्मत कर रहा है।

मोहब्बत कोई गुनाह नहीं समझा रहा खुद को
उस रब की अदालत में मेरी शिकायत कर रहा है।

दबा दूं दिल की आवाज तो लिखकर करता बयां
छुपी बातें सरेआम करने की हिमाकत कर रहा है।

बेपरवाह दिल काबू में नहीं बेलगाम हो गया रश्मि
चाहत की हर हद पार करने ख़िलाफत कर रहा है।

64. रश्मि

आशा की किरण बनकर दूर करती अंधकार है रश्मि
कार्यशीलता बढ़ाकर हर सपना करती साकार है रश्मि।

कण-कण में उत्साह, उमंग को जागृत कर देती है
सृष्टि में चेतना भरती ऊर्जा की प्रवाही धार है रश्मि।

चलो उठो जागो, आगाज़ नए सफ़र का करते है
अपनी सोच, समझ का सकारात्मक विचार है रश्मि।

अपने अस्तित्व से सारा विश्व प्रकाशमान करती है
मन को रोशन करती उज्वल दीप्ति का संचार है रश्मि।

सूर्य का ताप भी सहनशीलता से धारण करती है
विश्व प्रकाशित करता तेज़ का सौम्य अवतार है रश्मि।

अपने अवतरण से सुख निद्रा से जागृत करती है
उत्साहित, प्रफुल्लित करती दिल का करार है रश्मि।

कृतज्ञता से सारे जग पर उपकार करते जाना है
परमेश्वर ने दिया प्रकृति को अनमोल उपहार है रश्मि।

65. दस्तक मोहब्बत की

सुनो, जरा करीब आओ... दस्तक मोहब्बत की सुनाई देगी
प्रियतम आंखों में झांको...झलक मोहब्बत की दिखाई देगी।

.

तुम ही तुम हो मेरे हर लफ्ज़ में
बह रहे हो लहू बनकर मेरी नब्ज़ में
एक पल भी गुजरता नहीं तेरे बिन
तुम ही तुम समाए हो मेरी हर नज़्म में।

.

सुनो, जरा करीब आओ... दस्तक मोहब्बत की सुनाई देगी
प्रियतम आंखों में झांको...झलक मोहब्बत की दिखाई देगी।

.

तुम ही हो मेरी हर मन्नत, इबादत में
जिंदगी की जरूरत, सुकून ए राहत में
एक पल भी जी ना पाऊंगी तेरे बिन
तुम ही तुम समाए हो मेरी वफ़ा ए चाहत में।

.

सुनो, जरा करीब आओ... दस्तक मोहब्बत की सुनाई देगी
प्रियतम आंखों में झांको...झलक मोहब्बत की दिखाई देगी।

.

तुम ही हो मेरी सांसों की गरमाहट में
ख्यालों की दुनिया, यादों की आहट में
एक पल भी तुम बिन दिल लगता नहीं कही

सौ. रश्मी कौलवार

तुम ही तुम समाए हो ख्वाबों की हर सिलवट में।

सुनो, जरा करीब आओ... दस्तक मोहब्बत की सुनाई देगी
प्रियतम आंखों में झांको...झलक मोहब्बत की दिखाई देगी।

66. गुजरे लम्हे

मुमकिन नहीं उसका हर वक्त साथ होना
धड़कनों को अलग सुकून मिलता है उसके पास की आहट
से...
उसका माथा चूमना मेरी रूह को छू गया
पाकीजा एहसास महसूस हुआ उसकी सांसों की गरमाहट
से...

.

गुजरे लम्हें अक्सर दिल पर दस्तक दे जाते है
यादों में खाई अंखियां जाग जाती है पत्तियों की सरसराहट
से...
अनजाना सा वो दिल को अपना सा लगता है
हरदम दुआ करती भगवान से पाकर उसको खोने की
घबराहट से...

.

यादों का मोरपंख तन मन को रोमांचित करता
गुजरे लम्हों में वक्त का पहिया रुक जाता है हाथों की
थरथराहट से...
लिखते-लिखते कविताएं बन जाती उसकी याद में
हर लफ्ज़ को अपनेआप पहचान लेता है वो मेरी लिखावट
से...

67. तुम्हारा यूं देखना

तुम्हारा यूं देखना सनम गज़ब अच्छा है
तेरे आने से अब जीने का सबब अच्छा है।

बेजान से जिस्म में जैसे जान फूंक दी है
लहजा तेरा कमाल का अदब अच्छा है।

ख्वाहिशों बिन यूं तो चल रही थी ज़िन्दगी
हाल उसने पूछ लिया तो सब अच्छा है।

उसके साथ से इतना तो महसूस किया है
जब वो साथ रहे वो वक्त तब अच्छा है।

उसके लिए मांगी हर दुआ कुबूल होगी
हर बात मेरी सुनता वो मेरा रब अच्छा है।

68. प्यार की इबादत में

प्यार की इबादत में मोहब्बत का खुदा मिल जाएगा
दुनिया में सबसे अमनोल तोहफ़ा जुदा मिल जाएगा।

प्यासी नदिया को इश्क़ का दरिया मिल जाएगा
तड़पते अरमानों को जीने का जरिया मिल जाएगा।

प्यार की इबादत में चलते चलते रास्ता मिल जाएगा
रूह को सुकून दे मोहब्बत का फरिश्ता मिल जाएगा।

खत्म होगी सारी तलाश, मंज़िल का पता मिल जाएगा
इतनी मोहब्बत मिलेगी की रब भी खफ़ा मिल जाएगा।

प्यार की इबादत में ताउम्र मजबूत सहारा मिल जाएगा
ख्वाहिशों को पूरा करता गर्दिश का तारा मिल जाएगा।

अमर हो जाए वो मोहब्बत का अफ़साना मिल जाएगा
ज़िंदगी हर कमी पूरी करनेवाला दीवाना मिल जाएगा।

69. प्यार के रंग

मिलना-बिछड़ना, पाना-खोना यूं तो प्यार के रंग हज़ार
रंग जाते जब सच्चे आशिक, कर देते अपनी जां-निसार।

मोहब्बत में नहीं होता है, जिस्म फरोशी का बाज़ार
दिल देकर दिल का सौदा कर देते, दिलवाले खरीदार।

प्यार का रंग ऐसा लगा तो छूटे ना कभी कर लो ऐतबार
सबकुछ खोकर भी करते अपनी मोहब्बत पर इख्तियार।

इज़हार, इकरार, इनकार, तकरार से बढ़ता है ये प्यार
प्यार के अनेक रंगो से आती है जीवन में खुशी की बहार।

हर शाम होती है हसीन-रंगीन, हर दिन जैसे कोई त्यौहार
ये प्यार के हजारों रंग जीवन का अनमोल सा उपहार।

नेह, ममता, विश्वास अनेक प्यार के रंगों से सजा संसार
छूटे ना रंग कभी, जब जुड़ जाते है दिल से दिल के तार।

70. प्यार का पहला ख़त

प्यार का पहला ख़त आज भी है दिल के बहुत पास
कोरे काग़ज़ पर लिखे थे दिल के अनकहे से एहसास
हीरे, मोती, माणिक से भी अनमोल बहुत ही खास
आज भी पढ़कर ज़िंदा होते कितने दफ़न आभास।

प्यार के पहले ख़त में बयां की थी अपने दिल की बात
लफ्ज़ लफ्ज़ एहसासों से सजाया जागकर सारी रात
अरमानों की स्याही से लफ्ज़ों में ढले मन के ख्यालात
आज भी पढ़कर महक जाते है दिल के हसीन जज़्बात।

प्यार का पहला ख़त बना हमारी मोहब्बत का आगाज़
जिसने खोल दिय थे, छुपाए जो दिल में इश्क़ के राज़
चंद महकते अल्फाजों में ख्वाहिशें चढ़ी थी परवाज़
पढ़कर मोहब्बत तक पहुंची थी मोहब्बत की आवाज़।

71. तेरा फितूर

इश्क़ में तेरा फितूर छाया खुदाई बन गए हो तुम
मचलते मन को चैन देती नर्म रजाई बन गए हो तुम।

सारी ख्वाहिशें पूरी हुई एक तेरे मिलने से सनम
मेरी ज़िन्दगी भर की नायाब कमाई बन गए हो तुम।

आज़ादी महसूस होने लगती है तेरे साथ सनम
बांधती मन को, वो कैद की रिहाई बन गए हो तुम।

साथ रहते हो अक्सर ख्वाबों, ख्यालों में सनम
दूर होकर भी साथ चलती परछाई बन गए हो तुम।

तेरा फितूर सर चढ़कर बोलने ना लगे कभी सनम
मोहब्बत के सुरूर में सनम हरजाई बन गए हो तुम।

क्या कहूं कितना पागलपन सवार होता है रश्मि
दिल को सुकून दे छत की अंगड़ाई बन गए हो तुम।

72. गुलाब की फ़रमाइश

इज़हार-ए-मोहब्बत कर लो सुर्ख़ लाल गुलाब की फ़रमाइश
खुशबू से महकू दुनिया के चमन में चश्म-ए-ख़्वाब की
गुज़ारिश।

.

दर्द के चुभते कांटे न ही मोहब्बत की राहों में कभी भी
वफ़ा-ए-मोहब्बत में खिलते दिल-ए-नायाब की आज़माइश।

.

भेदभाव ना रखो, खुशियों के रंग बांटते चलो दुनिया की
महफ़िल में
मुस्कान के बिखेरते चलों, रखो ना रंज के कांटों की
गुंजाइश।

.

चाहे सुहाग की सेज हो या शहीदों की शहादत पर चढ़ो
छोटीसी ज़िंदगी में मरकर भी हमेशा अमर रहे बस यही
ख़्वाहिश।

.

मंदिर में ईश्वर की चरणों में हो या मस्ज़िद में इबादत की
चादर
हर किसी की भावनाओं का आदर करना उसकी नवाज़िश।

73. लिखूं जो ख़त तुझे

लिखूं जो ख़त तुझे यादों का गुलिस्तान हो जाते हैं
दिल के एहसासों को महकाते इत्र की दुकान हो जाते है।

.

सारे मन के जज़्बात हर्फ़-हर्फ़ लफ़्ज़ों में होते है बयां
कैसे गुजारें दिन, यादों की किश्तों का फ़रमान हो जाते है।

.

लिखती हूं जो ख़त तुम्हें गवाह मेरी मोहब्बत के
हमेशा संभाले रखो, दस्तावेज़ कीमती सामान हो जाते है।

.

सजते हैं मन में जो अरमान लिखती हूं ख़त में तुम्हें
हकीकत में आंखों का देखा ख्वाबों का जहान हो जाते है।

.

महज ये ख़त नहीं, दिल अपना तुमको भेजते है
नाम, पता लिखकर, हम तो तेरी ही पहचान हो जाते है।

74. मन की बातें लिखकर

टटोलकर अपने मन को, जैसे खुद को भापती हूं
मन की बातें लिखकर, मन की गहराई नापती हूं।

जीवन की हर उलझन सुलझ जाती है पलभर में
मन की बातें लिखकर, हर प्रश्न को सुलझाती हूं।

दिल पर कोई बोझ न रहता किसी भी बात का
मन की बातें लिखकर, हल्का महसूस करती हूं।

मन में कोई दबाव न रहता, ना कोई प्रभाव रहता
मन की बातें लिखकर, एहसास-ए-सुकून पाती हूं।

लिखते-लिखते खो जाती हूं शब्दों की दुनिया में
मन की बातें लिखकर, हर दर्द को भूल जाती हूं।

अकेलापन, अधूरापन, खालीपन भर जाता जैसे
मन की बातें लिखकर, मैं खुद को संपूर्ण पाती हूं।

लिखने से जान-पहचान लेती हूं अपने स्वभाव को
मन की बातें लिखकर, अपने आप से मिलती हूं।

75. इश्क़ में कुर्बान होके

इश्क़ में कुर्बान होके ख्वाबों का जहान हुआ हासिल
डूबती ख्वाहिशों की कश्ती को जैसे मिल गया साहिल।

भटक रहे थे दर-ब-दर दुनिया की ठोकरें खाते हुए
अंजान सफ़र-ए-ज़िन्दगी को मिली मुकम्मल मंज़िल।

विरान थी दिल की गलियां, कोई न था हमसफ़र
तन्हाईया गुनगुनाने लगी जब साथ मिल गया राहिल।

कोई न था दिल में आज दिल बागबान हुआ जैसे
गुलज़ार हुई जिन्दगी मोहब्बत का फूल हुआ शामिल।

मोहब्बत के सूरज से रश्मि रौशनी से चमचमाने लगी
इश्क़ में कुर्बान होके बनाया खुद को मोहब्बत के काबिल।

76. अधूरी सी है ज़िन्दगी

अधूरी सी है ज़िन्दगी अपने साथ से संपूर्ण करने आ जाओ
अधूरे सपनों को साकार रूप में परिपूर्ण करने आ जाओ।

.

अधूरी हूं मैं तुम बिन अपने नाम से नाम जोड़ने आ जाओ
पतझड़, विरान ज़िन्दगी में रुख हवाओं का मोड़ने आ
जाओ।

.

मेरी तृष्णा की तृप्ति करने एकबार तुम मिलने आ जाओ
प्रेम सुख की प्राप्ति करने एकबार अनुभव करने आ जाओ।

.

तपती इस जुदाई में मोहब्बत के एहसास जगाने आ जाओ
तड़पाते हो क्यों ?मन के मंदिर में निवास करने आ
जाओ।

.

सुनी सी ज़िन्दगी में मोहब्बत के हसीन रंग भरने आ
जाओ
मांग बस इतनी सी तुमसे मोहब्बत से मांग भरने आ
जाओ।

.

अधूरी सी रश्मि को मोहब्बत से उज्ज्वल करने आ जाओ
अधूरी इन यादों को एहसासों से मुकम्मल करने आ जाओ।

सौ. रश्मी कौलवार

77. प्रेम बारिश (ग़ज़ल)

मिलन की तृष्णा जागी तुम प्रेम बारिश से स्पर्शित कर दो
प्रेम की फूहार में भिगोकर व्याकुल मन को हर्षित कर
दो...१

.

घुलने दो सांसों में साँसे, एकाकार हो जाए हम दोनों
बोसा ए राहत का देकर मेरे तन को रोमांचित कर दो....२

.

रिमझिम रिमझिम सी बरसात अगन लगाए ये बौछार
एक छाते में सिमटकर प्रेम रसधार प्रवाहित कर दो.....३

.

आज मदहोश हो जाऊ मैं, भीगकर इस प्रेम फुहार में
कैद कर लो आगोश में, तेरी बाहों में आलिंगित कर दो...४

.

खिल रही दिल की कलियां, महक उठा मन का चमन
यूं तड़पाकर मुझको ख्वाहिशों को ना उतेजित कर दो...५

.

शीतल ठंडी ठंडी पवन चले पर जल रहा है तन बदन
कलियों से नाजुक लबों से छूकर तन को सुगंधित कर
दो..६

.

सुहाना मौसम बारिश का अब ना तरसाओ प्रिय हमें
बूंद देकर राहत की इस प्रेमी चातक को बंधित कर दो....७

डूबकर तेरी आंखों में, कहीं बहता जाऊ ना मैं कहीं
प्रेम नदी को दिल के अथाह सागर में समाहित कर दो....८

ख्वाबों के आसमा को मिले पनाह चाहत के जमीं की
प्रेम बारिश से नीरस, रंगहीन जीवन को उत्साहित कर
दो..९

मोहब्बत से अपना नाम अंकित कर दो हृदय में मेरे
मिटाकर दूरी लिपट जाओ, धड़कनों को तरंगित कर
दो...१०

इस सावन में इंतिहा मोहब्बत की पार करने दो "रश्मि"
प्रेम के सतरंगी इंद्रधनुष से ज़िन्दगी को रंगीत कर दो...११

78. होठों पर खामोशी

होठों पर खामोशी ओढ़े, दबाई अपनी आवाज़
बंद लबों के पिछे, छुपाए ना जाने कितने राज।

ऊपर से शांति पर अंतर्मन में बहुत शोर दिखता
ये सन्नाटा क्या कोई आनेवाले तूफ़ान का आगाज़।

दर्द की चिंगारी दबाकर हो जाए ना सब ख़ाक
डर लगता है की कुछ अनहोनी न हो जाए आज।

खोल दो लबों को, बोल दो सारी मन की बात
अपने हाथो से सजा दो, छुपे है जो धोखेबाज़।

खामोशी से ना सहन कर, बुलंद कर तू आवाज़
कार्य कर ऐसा की पूरी दुनिया पर हो तुझपर नाज़।

79. मैं रश्मि

मैं सूरज की दीप्त "रश्मि"जीवन में रौशनी भरने आती हूं
दूर कर गमों का अंधेरा जीवन उज्ज्वलित करने आती हूं।

.

निराशा के अंधेरों से निकाल आशा की किरण दिखाती हूं
थके हारे मन में उमंग, नव चैतन्य का उत्साह भर देती
हूं।

.

अपने अस्तित्व से सृष्टि का कण कण प्रकाशित करती हूं
अपने कर्तृत्व से प्रकृति के चराचर को हर्षित करती हूं।

.

चुभते अरुण के बाणों को सहते सौम्य प्रकाश भरती हूं
मुड़कर नहीं देखती पीछे, बस लक्ष्य की और बढ़ती हूं।

.

अपने ओजस्वी, तेजस्वी रूप से प्रोत्साहित करती हूं
आगमन जहां होता मेरा, मन को उत्साहित करती हूं।

.

आलस त्यागो कहती सबसे, तन में ऊर्जा भर देती हूं
स्वप्न निद्रा से उठाकर मन में नव चेतना जागृत करती
हूं।

.

सदैव सेवा तत्पर होकर निस्वार्थ भाव से कार्य करती हूं
सृष्टि का कालचक्र को चलाने अपना योगदान देती हूं।

"रश्मि" अपना नाम सार्थ कर प्रकाश ज्योति बनती हूं
आपने छोटे से अस्तित्व से सारा अवकाश नापती हूं।

"रश्मि" अपना नाम सार्थ कर प्रकाश ज्योति बनती हूं
आपने छोटे से अस्तित्व से सारा अवकाश नापती हूं।

80. नज़रों से दूर

नज़रों से दूर हो पर पहली दफ़ा मिलना मुझको याद है
तेरी आगोश में इस दिल का धड़कना मुझको याद है।

एक छोटीसी मुलाकात में ख़्वाबों की जन्नत पा ली मैंने
यार तेरा पलभर में मिलना और बिछड़ना मुझको याद है।

कोई दर्द मुझको हो तो तकलीफ़ तुमको होती जाना मैंने
गहरे दर्द में आंसू छुपाकर तेरा मुस्कुराना मुझको याद है।

हमेशा तेरी चाहत, तेरी राहत, तेरे लिए दुआएं मांगी मैंने
मेरी खुशियों के खातिर तेरा हार जाना मुझको याद है।

थोड़े से पल उधार मिल जाए, कितना इंतज़ार करते है
कुछ पल के साथ लिए तुम्हारा तड़पना मुझको याद है।

नज़रों से दूर होकर भी दिल के हमेशा करीब रहोगे तुम
मेरी मांग में सिंदूर नहीं तेरा प्यार भरना मुझको याद है।

लोग मर जाते है, मैं जी लूंगी तेरी यादों के सहारे यारा
पर मौत से पहले मेरे अरमानों का मरना मुझको याद है।

81. दिल तुझको ही चाहे

तेरी याद में दिलबर कमबख्त दिल भरता है आहें
तेरी झलक पाने को बेचैनी से तरसती है निगाहें।

कैसे समझाऊं नादान ये दिल है की मानता नहीं
कितना भी रोकू पागल ये दिल तुझको को चाहे।

तेरे नाम से शर्म ओ हया की लाली चढ़ जाती है
सुकून इस मन का, जब मिले हमको तेरी पनाहे।

बस छोटी सी तमन्ना एकबार तुमसे मुलाकात की
आगोश में भर लो मुझे, जरा खोल दो अपनी बाहें।

हमारे चाहने से कभी ये चाहत में कहा होती है
कैसे समझाऊं बड़ी कठिन है ये मोहब्बत की राहें।

82. बे-इंतिहा मोहब्बत है तुमसे

बे-इंतिहा मोहब्बत है तुमसे, सांसे भी तुमको नवाज़ दूंगी
सारी ज़िंदगी तेरे नाम कर दी, तुमको अपना आज दूंगी।

.

छू लिया मन से लेकर रूह तक तुमने अब कैसे रहूंगी जुदा
कर दिया खुद को तेरे हवाले, तुमको दिल का साज दूंगी।

.

छाए हो ख्वाहिशों की जमी से ख्वाबों के आसमान तलक
दे दिए है सारे हक, तुमको दिल का तख्त-ओ-ताज़ दूंगी।

.

कुछ न रहेगा तेरे मेरे दर्मिया, जैसे दो जिस्म एक जान हो
ज़िंदगी की रंगीन सुबह, हसीन शाम तुमको हमराज दूंगी।

.

रश्मि ज़िंदगी के आख़िरी पल तक तेरी है तेरी ही रहेगी
मरकर भी ज़िंदा रहेगी मोहब्बत, ऐसा अलग अंदाज़ दूंगी।

83. तेरी चाहत में

तेरी चाहत में ख्यालों को गढ़ना सीख लिया हमने
तेरा चेहरा देख जज्बातों को पढ़ना सीख लिया हमने।

मोहब्बत की आग में तपकर भी कुंदन से निखरे
हर मुश्किल तुफानों से लड़ना सीख लिया हमने।

तेरी चाहत पाकर गिरकर भी संभलने सवरने लगे
इश्क़ की डगरिया को चढ़ना सीख लिया हमने।

तेरे साथ ऊंची-नीची इश्क़ की राह में चलने लगे
तेरे संग कदम से कदम को बढ़ना सीख लिया हमने।

अगणित तमन्नाएं मन में दबी दबी सी थी कब से
ख्वाहिशों को पंख लगाकर उड़ना सीख लिया हमने।

84. दिल की लगी बुझे

दिल की लगी न बुझे धधगता अंगार है
राख होती है ज़िंदगी ऐसा इसमें ज्वार है।

तमाम ख्वाहिशें जलकर खाक होती है
अंगारों की राह पर चलना ही प्यार है।

कभी मिलन की सुहानी घड़ियां आती है
तो किसी के नसीब में सिर्फ़ इंतज़ार है।

मोहब्बत में ज़िंदगी दांव लग जाती है
इश्क़ के इस खेल में जीत में भी हार है।

तश्नगी ऐसी की प्यास कभी बुझती है
इश्क़ की हद पार करने आशिक तैयार है।

मिटकर भी मोहब्बत अमर हो जाती है
अगर इश्क़ की आग से खेलना स्वीकार है।

दिल की लगी बुझे न सुलगती जाती है
बिखरकर निखरना ही इश्क़ का श्रृंगार है।

85. झलक तुम्हारी

कितना भी देख लूं कुछ कसर रह जाती है
झलक तुम्हारी कुछ यूं असर कर जाती है।

पी लेता हूं नज़रों से तेरी प्यारी मूरत को
आंखों से रूह तलक बसर कर जाती है।

दिनरात कितनी इंतज़ार की घड़ियां बिताई
हर लम्हें को दिल ही दिल में घर कर जाती है।

झलक तुम्हारी ऐसा जादू कर जाती है हमपे
वीरान जिन्दगी को सुहाना सफ़र कर जाती है।

छप जाती है तेरी सूरत दिल के आईने में
कितनी हसीन यादों को नज़र कर जाती है।

86. कुछ ख़्वाब है मेरे

कुछ ख़्वाब है मेरे जो मन में छुपाए रखे है
सब से दूर दिल की बोतल में दबाए रखे है।

.

नज़र न लगे किसी की, बुरी नज़र से दूर
पलकों के नाजुक कमरे में सजाए रखे है।

.

ख्वाबों को हकीकत में साकार करना हमें
जिन्दगी के सफ़र में उनका साथ बनाए रखे है।'

.

दाव लगा दी अपनी सारी जिन्दगी हमनें
ख़्वाब पाने के लिए अपना सब हराए रखे है।

.

उन ख्वाबों के बिना वजूद न "रश्मि" का
अपने तन-मन-जहन, रूह में बसाए रखे है।

87. तुमको देखते ही

तुमको देखते ही लगा जैसे ख़्वाब हकीकत बनकर सामने
आया है
मन के कितने सुलझे-अनसुलझे सवालों का जवाब हमने
पाया है।

.

खो गए तुममें कहीं, पता न चला ये ख़्वाब या कोई
मोहमाया है
तुमको देखते ही तेरे दीदार को तरसती पलकों ने सुकून
पाया है।

.

वक्त ठहरा सा, मन बहका सा, कोई अज़ब सा खुमार
छाया है
तुमको देखते ही, सारे जहां का सुख तेरी बाहों में हमने
पाया है।

.

सात जन्मों का साथ, हमनें सात लम्हों में अनुभव कर
लिया है
तुमको देखते ही रूह से रूह के मिलन का एहसास हमने
पाया है

.

अब कोई भी मांग नहीं, जब प्यार से तुमने मांग को भर
दिया है

तुमको देखते ही जैसे "रश्मि" ने ख्वाहिशों का आफताब
पाया है।

88. हमें इश्क़ हुआ

मिलकर भी तुमसे, फिर मिलने की आस बाकी है
कैसे रोके खुद को, छूकर भी लबों की प्यास बाकी है।

हमें इश्क़ हुआ इस नादान दिल को समझाए तो कैसे?
कुछ कहे, कुछ अनकहे से कितने एहसास बाकी है।

मोहब्बत की शीतल बौछार में भीगते रहे हम तुम
दिल को सुकून देती प्रेम की बरसात का आभास बाकी है।

देखकर तुमको यह पागल मन भरता ही नहीं कभी
ना जाने इस तन -मन के और कितने उपवास बाकी।

जल्दी से बैरी विरहा का पतझड़ बीत जाए जरा
दिल को गुदगुदाए वो प्रेम का मधुर मधुमास बाकी है।

मरकर दुबारा दुनिया में लौटकर आयी है "रश्मि"
एकबार फिर तुमसे मिलने के लिए कुछ सांस बाकी है।

89. दिल तुझे ही चाहे

कितना भी मैं समझाऊं नादान दिल ये समझता नहीं
दिल तुझे ही चाहे, चाहत के सिवा इसे कुछ आता नहीं।

मोहब्बत का चांद आगोश में भरके आहें भरता दिल
दिल तुझे ही चाहे, तेरे सिवा मन को कोई भाता नहीं।

बेताब आंखों को तेरा इंतज़ार, तुमसे मिलने को बेकरार
दिल तुझे ही चाहे, तुम बिन कोई चेहरा अब जचता नहीं।

ख्वाहिशों के आसमान में हजारों रंग के अरमान सजते है
दिल तुझे ही चाहे, तुम बिन ख्वाबों में रंग कोई भरता नही।

मोहब्बत से छू लिया है तुमने रश्मि के मन को
दिल तुझे ही चाहे, तेरे सिवा दिल में कोई रहता नहीं।

अधरों पर नाम अंकित कर मुझको तेरी पहली मोहब्बत दे दो
जन्म जन्मांतर का साथ नहीं पल दो पल की सोहबत दे दो
खुशी से जी लेंगे तेरी मोहब्बत के सहारे ताउम्र हम सनम
खुली आंखों से देखे जो हसीन ख्वाबों को हकीकत दे दो।

बेकरार होकर तरसती इन बाहों को तेरी बाहों की जन्नत दे
दो
पाया जिस दुआओं से तेरा साथ हमनें वो खुदा की मन्नत
दे दो
दो दिल एक धड़कन बनकर ज़िंदा रहेंगे ताउम्र हम सनम
जुदा होकर एकदूजे में रहेंगे सदा ज़िंदगी को वो किस्मत दे
दो।

तेरे है तेरे होकर रहेंगे, ऐसी जिस्मानी नही रूहानी कुर्बत दे
दो
थोड़ी सी जगह तेरी ज़िंदगी में देकर अपनी इनायत दे दो
तेरे यादों को दिल में सजाकर जीयेंगे ताउम्र हम सनम
अधिकार नहीं मांगते, तेरी ज़िंदगी में थोड़ी एहमियत दे
दो।

90. एक सफ़र तेरी यादों

एक सफ़र तेरी यादों का ख़त्म नहीं होता
यादों का हसीन कारवां चलता ही जाता।

.

ना रास्ता मालूम, ना जानती इसका पता
सनम को मिलने के लिए ये दिल तरसता।

.

कभी खुशी, कभी गम का उपहार मिलता
होठों पे हंसी तो आंखो में खारा पानी सजता।

.

कोई नहीं साथ बस अकेले ही बढ़ता
अंजानी सी राह पर बस चलता ही जाता।

.

तन्हाई साथी बनती, वक्त न गुजरता
बीते पलों की याद में हर लम्हा ठहरता।

91. काश !आप मेरे होते

तेरा जीवनभर का साथ मिले ऐसी मेरी तक़दिर नहीं
काश! आप मेरे होते पर हाथों में ऐसी लकीर नहीं।

·

मोहब्बत कभी सोच समझकर होती है कहां
बांध सका जो दिल के परिंदे को ऐसी ज़ंजीर नहीं।

·

हजारों ख़्वाबों की महफ़िल सजती है पलकों तले
पर मुकम्मल हो जाए ऐसी ख़्वाबों की ताबीर नहीं।

·

हमारे चाहने से सबकुछ हासिल नही होता है यहां
बदल सके किस्मत की रेखा ऐसी कोई तहरीर नहीं।

·

खुदा की मर्ज़ी से ही लोग मिलते-बिछड़ते है यहां
हमसफ़र के बिना जीना पड़े वैसा कोई फ़कीर नहीं।

·

एक बार दिल में बस गया जो निकलता है कहा
नफ़रत भरी दुनिया में दिल जैसी मजबूत तामीर नही।

·

मोहब्बत में मालामाल होकर भी झोली खाली है
काश !आप मेरे होते तो हमजैसा कोई अमीर नहीं।

92. प्यास अब भी है

गुज़र गई मिलन की रात आभास अब भी है
प्रिय के अधरों की छुअन का एहसास अब भी है।

वो स्पर्श जो तन-मन को रोमांचित करता रहा
सांसों को महकता प्रिय का गर्म श्वास अब भी है।

बिजली सी एक ऊर्जा प्रवाहित हुई काया में
ये अगन कैसे बुझे?मिलन की आस अब भी है।

अपने प्रेम मिलन की साक्षी रही ये सुहाग सेज
मुरझाई कलिया पर प्रेम का मधुमास अब भी है।

श्रृंगार बढ़ाती ये प्रिय प्रेम की अमूल्य निशानियां
महसूस होता वो प्रिय का सहवास अब भी है।

प्रणयसुख की बेला में जागती रही पूरी रात
ऐसी लगन लागी की मिलन की प्यास अब भी है।

93. सिंदूर का लाल रंग

सिंदूर का लाल रंग सौभाग्यवती को करता पूरा
इसके बिना हर स्त्री का श्रृंगार लगता अधूरा।

महज़ चुटकीभर सिंदूर लिखता भाग्य की रेखा
जन्म जन्मांतर अटूट बंधन बांधे ये सुलेखा।

सिंदूर का लाल रंग समर्पण, त्याग का प्रतीक
पत्नी को अर्धांगिनी का सम्मान देता है सटीक।

पत्नी को अधिकार, प्रतिष्ठा का बनाता है धनी
प्रत्येक धार्मिक कार्य में हक़ देता है सहचारिणी।

सिंदूर का लाल रंग बनाए स्त्री को गृहस्थाश्रमी
अधिपत्य देकर घर संसार का बनाए गृहस्वामिनी।

सिंदूर माथेपर सजाकर स्त्री गौरव की करती अनुभूति
सौभाग्य वृद्धि कराए, सुहागन को होती सुख की प्राप्ति।

सिंदूर का लाल रंग खींचता मर्यादा की लकीर
विवाह संस्कार में बदलता हर स्त्री की तकदीर।

94. मोहब्बत की दुनिया

मोहब्बत की दुनिया बड़ी ही लाज़वाब होती है
खूबसूरत सा सुबह का हसीन ख़्वाब होती है
मन में हजारों रंगीन ख़्वाहिशें जागने लगती है
दिल के चमन को महकाए वो गुलाब होती है।

मोहब्बत की दुनिया ख़्वाबों का महताब होती है
हसरत जिसकी तमन्नाओं का आफ़ताब होती है
होश कहां रहता अज़ब बेहोशी सी छा जाती है
कभी न ख़त्म होती वो इश्क़ की किताब होती है।

मोहब्बत की दुनिया हकीकत से दूर सराब होती है
जिसका नशा उतरता नहीं, वो पुरानी शराब होती है
नसीबवालों को मोहब्बत की दुनिया हासिल होती है
ईश्वर की कृपा, खुदा का तोहफ़ा-ए-नायाब होती है।

मोहब्बत की दुनिया ख़्वाहिशों से आबाद होती है
खुदा के दर पर मुकम्मल हुई वो फ़रियाद होती है
नफ़रत भरे इस सारे जहान से कोसों दूर होती है
मरकर हमेशा अमर रहे वो अमिट याद होती है।

95. इजाज़त हो तो

इजाज़त हो तो तेरे मेरे बीच का अंतर घटा दो
हां! एक हो जाए हम तुम, ये दूरियां मिटा दो।

समर्पण कर दो वफ़ा-ए-मोहब्बत में खुद को
इश्क़ में आबाद होकर अपना सबकुछ लूटा दो।

फिर से महसूस करने दो तेरे बदन की खुशबू को
मेरी सांसों को महकाता वो आलिंगन लौटा दो।

छाया खुमार इश्क़ का, मदहोशी सी छाई है
जल रहा है तन बदन, ये प्रेम अगन बुझा दो।

इजाज़त देकर कर दो खुद को मेरे हवाले रश्मि
तेरे मेरे दरमिया शर्म-ओ-हया का पर्दा हटा दो।

96. तेरे नाम के सिवा

खोए रहते है मोहब्बत में तेरी
अब और कुछ भी जचता नहीं....
सनम तेरे नाम के सिवा अब
लबों पर कोई नाम सजता नहीं....

रूह तक समाए हो अब तेरे सिवा
कोई चेहरा दिल में बसता नहीं....
ये जन्म भी कम पड़ जाएगा
तेरे संग मन कभी भरता ही नहीं....

एकपल भी तुमसे दूर कैसे रहूं
अलविदा करने को मन कहता नहीं....
मुस्कुराने लगी है फिर से जिन्दगी
अब आंखों से अश्क कभी बहता नहीं....

तेरे नाम से शुरू उजली भोर रश्मि की
तेरे नाम के सिवा अब दिन ढलता नहीं...
पाकर तेरा साथ पूर्ण हुई जिन्दगी मेरी
तेरे सिवा मन में कोई अब रहता नहीं....

97. होश है गुम

मेरे होश है गुम कैसा मुझको प्रेम रोग हुआ है
हुआ मन बावरा ऐसा प्रीति का जोग हुआ है
जब से लागा यह प्रेमरंग सुध-बुध खोई मैंने
तेरे-मेरे मिलन का दिव्य अद्भुत संयोग हुआ है।

पावन आत्मिक प्रेम बंधन का अनुराग हुआ है
मन की गंगा-यमुना संगम होकार प्रयाग हुआ है
टूटेगा न जुड़ा जन्म-जन्मांतर का साथ हमारा
जुड़ा है दिल से दिल अनभिज्ञ भाग हुआ है।

एकदूजे में खोकर जीवन वस्त्र रेशम धाग हुआ है
मन के होश है गुम प्रेम में मदहोश राग हुआ है
भटक रहे थी अंधेरी सुनसान गलियों में कही
प्रेम की रौशनी से उज्वल जीवन चराग हुआ है।

98. प्रेम की गहराई

कैसे कोई नाप सका है प्रेम की गहराई?
प्रेम कितना है क्या इसकी होती है इकाई?
अथाह, अथांग, अनंत, असीमत है प्रेम
अनुभव करके ही जान पाओगे सच्चाई।

.

मन की गंगा दूजे मन की यमुना में समाई
दो दिलों के संगम पर प्रेम अनुभूति आई
कैसे शब्दों में परिभाषित करे निश्छल प्रेम
सच है सारे जग में सबसे ऊंची प्रेम सगाई।

.

प्रेम की गहराई कहा किसी को समझ आई?
जान गया जिसने प्रेम सागर में डुबकी लगाई
एहसासों से बंधा पावन पवित्र रिश्ता है प्रेम
किसी के हिस्से मिलन, किसी के हिस्से जुदाई।

.

कोई तराजू नहीं, जो नाप सके प्रेम की गहराई
डूबकर तर गया, वो जिसने मन से प्रीत निभाई
शब्दो से भी परे, अनंत दिव्य अनुभूती है प्रेम
मैं नसमझ क्या करूं प्रेम की शब्दों में बढ़ाई?

99. तेरे इश्क़ से रूबरू होके

तेरे इश्क़ से रूबरू होके, ज़िन्दगी को नई राह मिली
तेरी मोहब्बत में रंगकर, ख्वाहिशों को नई चाह मिली।

तेरे इश्क़ से रूबरू होके, बेजान ख्वाबों को जान मिली
बस चल रही थी ज़िन्दगी, मुझ को नई पहचान मिली।

तेरे इश्क़ से रूबरू होके, जैसे मैं अपने अक्स से मिली
खुशियों से उजला कर दिया रश्मि को ऐसे शख्स से मिली।

तेरे इश्क़ से रूबरू होके, ज़िन्दगी खोए प्यार से मिली
मोहब्बत की नदी असीम, अथाह रूहानी सागर से मिली।

तेरे इश्क़ से रूबरू होके, सफ़र ए रश्मि को मंज़िल मिली
गुनगुनाने लगी ज़िंदगी, तन्हाईयों को महफ़िल मिली।

100. कभी तो करीब आओ

वक्त ले रहा इम्तिहान, विरहा की दूरियां घटाने कभी तो
करीब आओ
तप्त दिल की धरा पर , मोहब्बत को बरसाने कभी तो
करीब आओ।

.

तन्हाईयां काटती, यूंही दुरियों में तड़पकर जिये क्यों हम
भला
अधूरे है हम तेरे बिना, जिंदगी को मुकम्मल करने कभी
तो करीब आओ।

.

तेरी एक झलक पाने को तरसती है अंखियां, लगन तेरे
अगन लगाए
जल रहा तन बदन, मन की प्यास बुझाने कभी तो करीब
आओ।

.

आगोश में भरकर, सुकून- ए - मोहब्बत का एहसास ज़िंदा
कर दो
कर दो खुद को मेरे हवाले, सांसों को महकाने कभी तो
करीब आओ।

.

जुदाई की अंधेरों से निकलकर, तेरे इश्क़ से रौशन हो
जाएगी रश्मि

सौ. रश्मी कौलवार

छूकर मेरे बेजान जिस्म को रूह में झांकने कभी तो करीब आओ।

101. तुम्हें सोचूं या तुम्हें चाहूं

तुम्हें सोचूं या तुम्हें चाहूं, हर पल तुमको अर्पन है
तुम्हें सोचूं या तुम्हें देखूं, तू ही अक्स तू ही दर्पण है।

तुमसे मिलकर अब मोहब्बत से मोहब्बत हो गई है
तुम्हें पाऊं या तुम्हें खोऊं, मुझे खींचता तेरा आकर्षण है।

दिल की कलियां फिर से नए रंगों में खिल उठी है
तुम्हें बताऊं या तुमसे छुपाऊं, तू ही मन का दर्शन है।

ज़िंदगी का हर दर्द भी खुशियों में बदल जाता है
तुम्हें जताऊं या तुम्हें सताऊं, तू हर गम का तर्पण है।

बिन तेरे सुने-सुने से दिन, वीरान सी रातें होती है
तुम्हें बोलूं या तुम्हें सुनाऊं, जीवन तुमको समर्पण है।

102. दिलों का संबंध

जिस्मानी आकर्षण से जुड़ता नहीं दिलों का संबंध
रूहानी आकर्षण जुड़ता दिलों के एहसासों का बंध ।

बिन बोले ही समझ लेते है मन की हर बात को
विश्वास, समर्पण से जुड़ता है दिलों का अनुबंध।

जिस रिश्ते में चाहत नहीं है कुछ भी पाने की
निस्वार्थ त्याग भावना से फैलती प्रेम की सुगंध।

दिलों के संबंध में बंधन ना कोई फिर भी बांधे रखे
ना कोई खींचाव, ना कोई तनाव, ना लगे प्रतिबंध।

एक का दर्द, तकलीफ़ दूसरे की दुख का कारण बनती
जुड़ जाते दिलों के तार जब होता स्नेहांकित प्रबंध।

103. है आख़िरी ख्वाहिश मेरी...

चाह नहीं तन से तन के मिलन की, बस एहसास-ए-इश्क़
मुकम्मल हो जाए
जन्मभर का साथ नहीं, पर तेरे साथ जीवन के कुछ पल
मिल जाएं
नहीं मांगते हीरे, माणिक, मोती कोई अनमोल उपहार
ज़िंदगी से
है आख़िरी ख़्वाहिश मेरी, बाहों में तेरी समाकर लम्हा-ए-
सुकूं मिल जाएं।

.

ऐसे आलिंगनबद्ध करना की तेरे रोम-रोम, कण-कण में
शामिल हो जाएं
सुन पाऊं तेरे धड़कनों की रफ़्तार, रूह से रूह लिबास की
तरह बदल जाएं
मैं बन जाऊं प्रेम धार बनकर बहने लगूं, तुमसे मिलने के
लिए
है आख़िरी ख़्वाहिश मेरी, दिल की नदी को प्रेम का साहिल
मिल जाएं।

.

फंसाकर अपनी उंगलियों में अपनी उंगलियां, दिल से दिल
मिल जाएं

सौ. रश्मी कौलवार

बोसा-ए-चाहत का माथेपर देना की मेरे सुनेपन की
महफ़िल हो जाए
मरकर भी हमेशा अमर रहेगी अपनी दास्तां-ए-मोहब्बत
अपनी
है आख़िरी ख़्वाहिश मेरी, अधूरे प्रेम सफ़र को अगले
जनम मंज़िल मिल जाएं।

❧❧❧

104. तुम्हें इजाज़त है

मिलना है तो, मुझसे ना तुम नज़र बचा कर मिलो
तुम्हें इजाज़त है, तुम मुझसे नज़र मिला कर मिलो।

पास रहकर भी निभते नहीं है, रिश्ते आजकल यहां
तुम्हें इजाज़त है, तुम दूर से रिश्ता निभा कर मिलो।

तश्नगी मोहब्बत की बुझती नहीं, बढ़ती ही जाती
तुम्हें इजाज़त है, लबों की प्यास बुझा कर मिलो।

तेरी मोहब्बत से रौशन हो "रश्मि" की ज़िंदगी ऐसे
तुम्हें इजाज़त है, इश्क़ का चराग जला कर मिलो।

मिलो हमसे की आखिरी मुलाकात हो नहीं कभी
इजाज़त है, फिर मिलने की उम्मीद जगा कर मिलो।

105. ढाई अक्षर का प्यार

कहने को ढाई अक्षर का प्यार इस में समाया समग्र संसार
निष्ठा, समर्पण, विश्वास की नींव पर खड़ी प्यार की
मीनार।

शब्द अधूरा सही परिपूर्ण करता, जीवन को देता आकार
निश्छल, निस्वार्थ भावना से ओतप्रोत मिटाता सारे विकार।

ढाई अक्षर के प्यार में आशिक हंसते हुए सबकुछ जाते हार
खुशी से सुली चढ़ जाते है, प्यार की कसौटी कर जाते
पार।

दर्द को सहते, वफ़ा की राह में चाहे ज़ख्म मिले बार बार
यह ढाई अक्षर का प्यार पाने को, कोशिशें करते हज़ार।

छोटे से ढाई अक्षर के शब्द में छुपा जीवन का संपूर्ण सार
दो दिलों का संगम होता, जब बहती प्यार की निर्मल धार।

प्यार दो और प्यार लो, प्रेम ही ईश्वर का अनमोल उपहार
हृदय में सर्वोच्च स्थान देकर रखना ये ढाई अक्षर का
प्यार।

106. जज़्बातों की स्याही

जज़्बातों की स्याही से एक नज़्म तेरे नाम लिखूं
दिल की सारी बातों को काग़ज़ पे सुबह-शाम लिखूं।

.

आंखों से छलकते आंसुओं से बनी स्याही जज़्बातों की
हर्फ़- हर्फ़ लफ्ज़ों से अपने दिल के दर्द तमाम लिखूं।

.

उठ रहे मन अगणित जज़्बातों को संभालूं मैं कैसे?
छुपाया जो हमनें सबसे, यादों से सजा पैगाम लिखूं।

.

महज चंद लफ्ज़ नहीं, खुली किताब है मेरे मन की
ज़िंदगी है तबतक लिखते ही जाएंगे ऐसे अविराम लिखूं।

.

ये सफ़र-ए-ज़िंदगी पढ़कर करना जरूर याद हमको
जज़्बातों से भरा सबको अपना आख़िरी सलाम लिखूं।

107. श्रृंगार के बिना

श्रृंगार के बिना भी नारी सौंदर्य की स्वामिनी है
रूप से दिल पर राज करती, वो मन की रानी है।

.

सुधबुध गवाते है, ऐसा जादू है उसके रूप में
मंत्रमुग्ध करती है, सौंदर्य से ऐसी मनमोहनी है।

.

बिन डोर खींचा चला आता है उसकी ओर हर कोई
आकर्षित करती अपनी और ऐसी वो कामिनी है।

.

श्रृंगार उसके सौंदर्य की परिभाषित नहीं करता
अदाएं उसकी गज़ब ढाती, वो तो गजगामिनी है।

.

मधुर आवाज़ उसकी दिलों के तार छेड़ जाती है
स्वर सुधा बरसती है, ऐसे ही सुर की रागिनी है।

108. सांझ-सवेरे

प्रिय, काटे न कटती बड़ी लंबी इंतजार की ये घड़ी है
सांझ-सवेरे मिलन की आस में बेसबर होकर खड़ी है।

बेकरार होकर राह तकते नैनों को समझाऊं मैं कैसे?
कदम कहते घर वापस जा पर आंखें ललचाती बड़ी है।

सांझ सवेरे तेरे नाम लेते लेते गुजरती है सारी रैना
खुश्क है मौसम निगाहों से बहती सावन की झड़ी है।

बेचैन करती यह सांझ जब ढलने लगी धीरे-धीरे
प्रिय मिलन की आस में शाम भी जिद पर अड़ी है।

मन में विश्वास है, अपना मिलन होगा जरूर रश्मि
प्रेम का विस्तृत क्षितिज ही हमारे मिलन की कड़ी है।

109. इस बार जब मिलोगे तो

सुनो, इस बार जब मिलोगे तो अपनी बाहों का हार देना
जी लूं अपनी बाकी सारी ज़िंदगी, ऐसे लम्हें यादगार देना।

.

नहीं मांगते कोई धन, दौलत, अनमोल तोहफा तुमसे
भर जाए झोली मेरी, थोड़ी प्यार की दौलत उधार देना।

.

आंखे बंद करके खुद से ज्यादा भरोसा किया हमने
तुम थामकर मेरा हाथ विश्वास का मजबूत आधार देना।

.

इस बार ऐसे मिले की मिलकर भी बिछड़े ना हम कभी
जुड़ जाए किस्मत की रेखा वो मोहब्बत का उपहार देना।

.

मोहब्बत की ऐसी कहानी हो जिसे याद रखेगी दुनिया
मरकर भी हमेशा अमर हो जाए ऐसा निश्छल प्यार देना।

110. मेरी दीवानगी हो तुम

तुमसे जन्नत, तुमसे मन्नत, तू इबादत, मेरी बंदगी हो
तुम
मेरी चाहत, मेरी उल्फत, तू मोहब्बत, मेरी दीवानगी हो
तुम।

.

तेरी छुअन से पाक़ीजा एहसास ज़िन्दा हो गए है
तुम्हारा साथ मयस्सर हुआ वो मोहब्बत रूहानी हो तुम।

.

डूब जाते है हम तेरे ख़्यालों-ओ-ख़्वाबों में खोकर
सुकून-ए-दिल को देती राहत-ए-प्रेमकहानी हो तुम।

.

लो कर दिया खुद को तेरे हवाले हमनें साथिया
किस्मत खुशनुमा बनी मोहब्बत सूफ़ियानी हो तुम।

.

मेरी ज़िन्दगी जिसके नाम शुरू जिसके नाम से ख़त्म
लिखी जो तेरे नाम हमने हर गज़ल नूरानी हो तुम।

111. अक्सर महसूस होता है.....

अक्सर महसूस होता है.....
तेरा स्पर्श जैसे तुमने मुझको छुआ है
तन्हा नहीं हूं मैं, मेरे साथ तेरी दुआ है
रोमांचित हो जाती हूं उन पलों में
मेरे साथ चला तेरी यादों का करवाँ है।

.

अक्सर महसूस होता है.....
तू मेरे बहुत करीब, मेरे आस-पास है
हृदय का स्पंदन, धड़कन की सांस है
साया बनकर साथ-साथ रहता है सदा
मन को ताकत देता वो विश्वास है।

.

अक्सर महसूस होता है.....
जैसे तुमने मुझको दिल से पुकारा है
मेरा नाम लेकर मुझको बुलाया है
ढूंढने लगती हूं तुमको अपने पास में
ख़्वाब में भी तुमको साथ पाया है।

112. प्यार जताया करो

चुप रहकर हमारी मोहब्बत को ना आजमाया करो
ना छुपाओ दिल की कही अनकही बातें सुनाया करो
दिल के जज़्बात दिल में ही ना ऐसे तुम छुपाया करो
इशारों इशारों में सही कभी अपना प्यार जताया करो।

कभी तोहफ़ा मोहब्बत का देकर हमें चौंकाया करो
प्रफुल्लित करे तन मन को प्रेम का गुलाब लाया करो
पलकों के चिलमन तले ख्वाबों की महफ़िल सजाया करो
इशारों इशारों में सही कभी अपना प्यार जताया करो।

घड़ी दो घड़ी बाहों में भरके दिल का हाल सुनाया करो
प्रेम से मीठी थपकी देकर अपनी पनाहो में सुलाया करो
कभी आगोश में लेकर दिन भर की थकान मिटाया करो
इशारों इशारों में सही कभी अपना प्यार जताया करो।

साथ चलना है जिंदगी भर तो मेरा साथ निभाया करो
रुठ जाऊं अगर मैं कभी "जान" कहकर मनाया करो
दिल के एहसासो को रोको ना खुलकर बताया करो
इशारों इशारों में सही कभी अपना प्यार जताया करो।

113. यहीं कहीं हूं

यहीं कहीं हूं, मैं तेरे दिल के आस-पास में
महसूस करो रहती हूं, तेरे मन के एहसास में।

तेरे बिन एक पल भी लगता बरस के समान
धड़कन में बसती हूं ,रहती हूं तेरे आभास में।

आत्मा हूं तुम्हारी, दूर कैसे कर पाओगे मुझसे
रग-रग में बस गई हूं, ऐसे रहती हूं हर श्वास में।

तेरे नाम से शुरू तेरे नाम से ख़त्म कहानी मेरी
दुआओं में बसती हूं, रहती हूं तेरी अरदास में।

ढूंढो "रश्मि" को यहीं कहीं तेरे दिल में, मन में
जरूर मिलेगी तुमको मिलन के मधुमास में।

114. कशिश आपकी

कशिश आपकी खींचती तेरी ओर हम आ गए
दिल ने पुकारा दिल की सुन आवाज़ हम आ गए।

एक अदृश्य सी डोर दिल को दिल से बांधती है
अब जुड़ गए दिल से दिल के तार हम आ गए।

लफ्जों में न बोला जाए तुमसे रूहानी रिश्ता है
मन को मोहब्बत का हुआ एहसास हम आ गए।

तुमसे मिलकर एक अजीब सा सुकून मिलता है
बयां करने छुपी मन की सारी बात हम आ गए।

कशिश यार के दीदार की तड़पाती, तरसती है
बेसब्र बेकरार होकर यार से मिलने हम आ गए।

कशिश आपकी बेइंतीहा लगाव या खींचाव है
मोहब्बत की हर उलझन सुलझाने हम आ गए।

कशिश आपकी आस है प्यास है समझ न आता
अगन लगी जो बुझाने मन की प्यास हम आ गए।

115. दिल ही दिल में

दिल ही दिल में मैंने प्रियतम की मूरत बिठाई है
पलके बंद करते ही यार की सूरत नज़र आई है।

सनम आंखों से उतरकर रूह तक बस गया है
दिल ही दिल में प्रियतम की तस्वीर छाई है।

प्यार का इकरार सुर्ख लबों से ना हो पाया है
दिल ही दिल में मोहब्बत ने ली अंगड़ाई है।

ख़्वाबों, ख्यालों में मोहब्बत का सुरूर छाया है
प्रियतम की याद में पलके झुककर शरमाई है।

दिल की बात दिल में ना रह जाए कही रश्मि
कैसे कहें! यार की हर अदा इस दिल को भाई है।

116. अब झिझक कैसी

संपूर्ण अधिकार, प्रेम से तन मन पर हक़ पाया है
अब झिझक कैसी जब तुमने हमको अपनाया है।

.

यह सात जन्मों का नहीं आत्मा का गठबंधन है
अब हिचक कैसी जब विश्वास से रिश्ता बनाया है।

.

जितना सामंजस्य प्रेम उतना ही प्रगाढ़ हो जाता है
अब कसक कैसी जब दर्द घटाकर सुख को बढ़ाया है।

.

चाहे कितनी भी दुरिया पर क्या प्रेम कम होता है
अब कश्मकश कैसी जब प्रेम पाकर दिल को खोया है।

रश्मि चाहकर भी मन से प्रेम को भुलाया नहीं जाता है
अब शर्म कैसी जब सबकुछ एकदूजे पर लुटाया है।

117. तुम्हें मेरी कसम

मन पर तेरा ही अधिकार हो, तुझे दिल के तख्त का राज़ दे दूं
तुम्हें मेरी कसम साथिया तुझे अपनी ज़िन्दगी, अपना आज दे दूं।

दूर हो हमसे बहुत तुम पर सबकुछ लुटाने की तमन्ना है
तुम्हें मेरी कसम साथिया तुझे मोहब्बत का नया अंदाज़ दे दूं।

मांगते नहीं तुमको बस पल दो पल का साथ चाहते है
तुम्हें मेरी कसम साथिया अपनी ख्वाहिशों का परवाज़ दे दूं।

तेरी खुशियों के सिवा उस रब से कुछ मांगा नहीं है
तुम्हें मेरी कसम साथिया तुझे अपनी सांसें भी नवाज़ दे दूं।

तेरी लबों की मुस्कुराहट बनाकर रहेगी रश्मि सदा
तुम्हें मेरी कसम साथिया जीवन का नया सुरीला साज दे दूं।

118. मिले जब हम तुम

मिले जब हम तुम, चाहत थी जिसकी वो ख्वाहिशों का
जहान मिला
विरहा में व्याकुल तपती धरा को ख्वाबों का आसमान
मिला
दो तन का नहीं, दो मन का ये अद्भुत दिव्य मिलन है ये
जन्नत सी गुलज़ार हुई जिन्दगी, दिल का खोया अरमान
मिला।

.

मिले जब हम तुम, भटकती जीवन की राह को ध्रुव तारा
मिला
कब से तरस रहे तुमसे मिलने को, तेरी बाहों का सहारा
मिला
खिल गई दिल की कलियां मौसम गुल से गुलजार हुआ
बीच मझधार में डूबती जीवन नैया को अचानक से किनारा
मिला।

.

मिले जब हम तुम, दर्द भरे जीवन को सुकून का फलसफा
मिला
विरहा के अंधेरों को मिलन की रौशनी का उजाला मिला
अब किसी भी तमन्नाओ की चाहत नहीं रही इस दिल को
जहर भरा था तन मन में, तेरे आने से अमृत का प्याला
मिला।

सौ. रश्मी कौलवार

119. मरहम बन के आए

अब भर गए दिल के सारे घाव, प्रेम का मरहम बन के
आए हो तुम
तपिश दिल की बुझ गयीं, शीतल सी शबनम बन के आए
हो तुम।

.

चाहत थी जिसकी, वो कोई ईश्वर का नायाब तोहफ़ा मिला
हमें
खुशियों सी भर गई ज़िन्दगी, पुण्य का करम बन के आए
हो तुम।

.

दिल को तसल्ली मिल जाती है, तेरे साथ होने के एहसास
से
हकीकत हो या कोई हसीन ख़्वाब सा, भरम बन के आए
हो तुम।

.

खुद को खूबसूरत महसूस करके, प्यार करने लगी हूं खुद
से
चेहरे की मुस्कान, हया से झूकी आंखों की शरम बन के
आए हो तुम।

.

मेरी जान मेरे जिस्म से नहीं, मेरी रूह से जिसका सरोबार
मेरे नसीब की रेखा में बसे हो, मेरा धरम बन के आए हो

तुम।

.

नए रंग, नए ढंग, नई उमंग से खिलने लगी रश्मि की
ज़िन्दगी
बेताल सी ज़िन्दगी गुनगुनाने लगी, सरगम बन के आए हो
तुम।

.

अंधेरों में भटकी रश्मि को मोहब्बत के उजालों से रोशन
किया तुमने
नाज़ है जिस प्यार पर हमे, मेरे साथिया मेरे हमदम बन
के आए हो तुम।

120. चुपके-चुपके

चुपके-चुपके, चोरी-चोरी मोहब्बत कर लो
दिल के तख्त पर बैठकर हुकूमत कर लो।

प्यार में हो जाती है छोटी सी गुस्ताखियां
नादानियां समझकर ही शिकायत कर लो।

कभी तकरार, कभी इकरार करना हमसे
इसी बहाने घड़ी दो घड़ी हुज्जत कर लो।

अर्जी सुन लो हमारी, अपनी मर्जी ना करना
नज़रे चुराकर हमसे, यूं ना सियासत कर लो।

कुछ नहीं चाहते वक्त के सिवा तुमसे सनम
मिलने के लिए थोड़ी सी फुर्सत कर लो।

नजरों के द्वार से दिल में उतर जाओ हमारे
दिल देकर अपना हमपर इनायत कर लो।

दिल की जमीन नाम लिख दो हमारे "रशिम"
प्यार की वसीयत पर अपने दस्तखत कर लो।

121. प्रेम ध्वनि

सुन लो, प्रेम ध्वनि की झंकार को तुम सम्मोहित हो जाओ
मदहोशी से प्रेम रस में डूबकर तुम मालंगित हो जाओ
यह वो परमोच्च, परमानंद की प्रेम स्वर आराधना है
मन को खींच लेती प्रेम ध्वनि से आकर्षित हो जाओ।

.

सुन लो, प्रेम ध्वनि की तरंग को तुम मस्त मलंग हो
जाओ
भूलकर सारे दुनिया के रंग सच्चे प्रेम रंग में रंग जाओ
प्रेम लगन में मगन होकर सारे रंज-ओ-गम मिट जाते है
ऊंचे सपनों के आसमान में उड़कर तुम पतंग बन जाओ।

.

सुन लो, प्रेम ध्वनि के कंपन को तुम अधीर हो जाओ
दिल में हमेशा बरकरार रहे वो अमिट तस्वीर हो जाओ
बिन कहे बिन सुने ही दिल से दिल के तार जुड़ जाते है
उम्रभर का साथ रहे ऐसे प्रियतम की तकदीर हो जाओ।

122. फरियाद दिल की

फ़रियाद दिल की सुनो तुम्हें अपनी तकदीर बना रहा है
करके खुद को तेरे हवाले हाथों की लकीर बना रहा है।

·

मयस्सर दिल का सुकून सनम तेरी बाहों के सहारे है
तेरी यादों में बेचैन होकर इन आंखों से नीर बहा रहा है।

·

तेरी लगन कुछ ऐसी लागी की दिनरात मदहोश सा रहता
है
अपना सर्वस्व तेरे स्वाधीन करके मन को अधीर बना रहा
है।

·

कभी न जुदा हो जाऊं तुझसे, बस यही दिल की आरजू है
बांध देती एकदूजे को साथ वो प्रेम जंजीर बना रहा है।

·

रश्मि का फरियाद करता दिल तुझको ही याद करता है
कभी ना मिटेगी ऐसी दिल में तेरी तस्वीर बना रहा है।

123. जादूई नजर

जादू नजर तुम्हारी सनम फिर से दिल में उतारो ना
नजर से दिल में उतर के सनम मेरे मन में समा जाओं
ना।

.

नहीं मांगते तुमको आसमां के चांद तारे घबराओ नहीं
बस मेरे मन की किताब के कुछ पन्ने एकबार पढ़ो ना।

.

तुम्हारी यादों का चांद बैठा है मेरे हृदय सिंहासन पर
झूठे एहसासों के जुगनूओ को संग अपने ले जाओ ना।

.

इत्र की तरह महकते हो सनम मेरे तन-मन रूह तलक
तुम्हारे रूमानी स्पर्श का मोगरा फिर से महकाओ ना।

.

रहो अपनी ही दुनिया में मस्त मलंग होकर सदा
तुम्हारी यादों में रोनेवाली इन आंखों को फिर हसाओ ना।

.

नहीं रोकूंगी तुम्हारा रास्ता, एकबार पलट कर देखो
तेरी जुदाई से रूखे एहसासों को फिर जिंदा कर दो ना।

.

ऊपर से तो शांति है पर अंदर सैलाब उमड़ रहा
बर्फ़ के जैसे दिल को प्यार की गर्मी से पिघलाओ ना।

जादूई नजर से तुम्हारी उज्ज्वल प्रेम ज्योति जलाओ ना
जुदाई के घने अंधेरे से घिरी रश्मि को फिर से रौशन करो
ना।

124. मेरी बेचैन बाहें

मेरी बेचैन बाहें चाहती है सनम तेरी बाहों का सहारा
मैं बन जाऊं अविरल प्रेम की धारा तू बन जा मेरा
किनारा।

लफ्जों में बया न हो पाए, कुछ ऐसा है ये रूहानी रिश्ता
मेरे ख्वाबों का आसमा में चमके तेरी ख्वाहिशों का
सितारा।

मयस्सर मेरी बेचैन बाहों को सुकून तेरी बाहों में मिलता
सारा दर्द-ओ-गम मिट जाता है दिल कितना भी हो हारा।

तेरी पनाहों में खिल-खिला उठती है जिन्दगी की बगिया
मेरी महकती प्रेम गलियन में घूमे तू बनकर भंवरा
आवारा।

तड़पते अरमानों को सुकून तेरी बाहों में खोकर मिलता है
रश्मि
तेरी बाहों में मेरी दुनिया बसे ताउम्र के लिए बन जाऊं
तुम्हारा।

125. सामने तो आओ

ख्वाबों में तो मुलाकात करते हो जरा सामने तो आओ
तलब तेरे दीदार की सनम जरा हमसे रूबरू हो जाओ।

मयस्सर सुकून दिल को तेरी एक झलक पाने का
सहा ना जाए, दूर रहकर हमको यूंही ना तड़पाओ।

तमन्ना इतनी बस एक बार नज़र भरके देख लेने दो हमें
तस्वीर तेरी सनम दिल के आईने में उतर जाने दो।

घड़ी दो घड़ी कर लेने दो दिल की बातों को हमें
समाकर तेरी बाहों में मुझे तुझमें कहीं खो जाने दो।

रश्मि जी लेंगी उम्रभर बस एक मुलाकात के सहारे
सहलाकर हमें जरा सा सामने आकर गले लगाओ।

"

126. तेरा इश्क़ खुदा की दुआ सा

तेरा इश्क़ खुदा की दुआ सा पाक पाया है मैंने
मेरे मर्ज़-ए-दिल की दवा सा सुकून पाया है मैंने।

तेरे इश्क़ से चमका मेरी किस्मत का ज़र्द सितारा
अंधेरे जीवन में उजला रोशन सवेरा पाया है मैंने।

ना रूहानी आकर्षण की आस, ना जिस्मानी प्यास
पाकीजा अनछुआ एहसास-ए-इश्क़ पाया है मैंने।

ना कोई पाने का जुनून, ना खोने का डर यहां
मांगा न था ज़िन्दगी से, वो नायाब ईनाम पाया है मैंने।

रश्मि के ज़िन्दगी के मायने बदल दिए तेरे इश्क़ ने
ज़िन्दगी ज़िंदादिली से जीने की वजह को पाया है मैंने।

127. लंबे अरसे के बाद

लंबे अरसे के बाद मिलन की ऋत आई है
शब-ए-हिज़ के बाद वस्ल की रात आई है।

पागल पवन छूकर मदहोश करती तन-बदन
बंजर दिल की जमीं पर प्रेम बरसात आई है।

ख़त्म हुआ बेताबी बढ़ाता लंबा सा इंतज़ार
कुर्बत-ए-यार के दीदार की सौगात आई है।

खोकर यार की बाहों में मयस्सर सुकून मिलेगा
दिल के दर पर ख्वाहिशों की बारात आई है।

बरसों बाद आज मुकम्मल हुई तमन्नाएं सारी
मेरे हिस्से ख्वाबों की हसीन कायनात आई है।

कब से दिल में छुपा के रखा था मोहब्बत को
जो नहीं कहीं लबों पर दिल की बात आई है।

आज बंद हुई दर्द-ए-दिल की दास्तान "रश्मि"
प्यार के साथ जिन्दगी की नई शुरुआत आई है।

128. प्रेम का दरिया हो तुम

मैं लफ़्जों के मोती पिरोती चलूं, मेरे ज़ज़्बातों का जरिया
हो तुम
ज़िन्दगी हसीन लगने लगी है, मेरी गहरी सोच का
नज़रिया हो तुम।

.

मैं हंसते हंसते पी जाती हूं, दुनिया के कड़वे- जहरीले घूट
को
ज़िन्दगी फिर से जी उठी हूं, वो पियूष की गागरिया हो
तुम।

.

मैं खिलने महकने लगी हूं, भूलने लगी अपने दर्द के कांटों
को
दिल की बंजर जमीं पर बरसी शीतल प्रेम की बदरिया हो
तुम।

.

मैं मुसाफ़िर बनने लगी हूं, मोहब्बत की हसीन सफ़र का
चाहत थी जिसकी, मेरी सपनों की मंज़िल की डगरिया हो
तुम।

.

हो गई "रश्मि" तेरी, जब किनारा मिला तेरी मोहब्बत का
डूब जाती हूं मस्त मलंग होकर, वो प्रेम का असीम दरिया
हो तुम।

129. हसीन गुनाह

इश्क़ का हसीन गुनाह कर सनम की बाहों में गिरफ्तार
हुए
उम्रकैद की सजा मुकर्रर हुई, दुनिया की निगाहों में बेकार
हुए।

.

महबूब की आंखों में खोकर हुस्न-ओ-जमाल के तलबगार
हुए
मोहब्बत का संगीन जुर्म करके सबकी नज़रों में गुनहगार
हुए।

.

हसीन गुनाह की क्या खूब सजा पाई हमने किसी के
दिलदार हुए
वफ़ा-ए-मोहब्बत को निभाकर किसी के दिल के हकदार
हुए।

.

ना अर्जी चली, ना मर्ज़ी चली सनम की निगाहों के शिकार
हुए
ना वकील, ना दलिल चली मोहब्बत के एकमात्र सरकार
हुए।

.

हसीन गुनाह की संगीन सजा पाकर इश्क़ में जार-जार हुए
तोड़कर दुनिया से वास्ता दिलबर के हम बार-बार हुए।

130. प्रेम रंग

आया फागुन का महीना प्रेम का मधुमास रे
ऐसा रंग लगा दे मोहे, याद रहे ये एहसास रे।

जब सच्चा रंग चढ़े इश्क़ का उतरे ना कभी रे
बड़ा अनोखा यह मधुर मिलन का आभास रे।

लाल, पीला, नीला, हरा, केसरिया, गुलाबी रे
सतरंगी रंग में रंग दो ऐसे एक हो जाए सांस रे।

प्रेमरंग में रंगकर मोरी भीगे चोली चुनर सारी रे
अंग से अंग लगा ले पिया बढ़ रही है प्यास रे।

तेरे प्रेम रंग में ऐसे निखर जाऊं मैं प्रियतम रे
झूमकर, नाचूं, गाऊं ऐसे भूलकर सारी खटास रे।

विशुद्ध भाव प्रेम रंग का, मिलावट ना कोई रे
भूलकर शिकवे सारे खुशियों की लाए मिठास रे।

131. कुछ कहना है तुमसे

कुछ कहना है तुमसे, लो आज दिल की बात करती हूं
खुले करके दिल के सारे दरवाजे, बयां जज़्बात करती हूं।

माना हंसती हूं मैं सारी सारी दुनिया के सामने
पर कसम की कसम से खुश तुम्हारे साथ रहती हूं।

खुलकर जीती हूं मैं ज़िन्दगी के हर लम्हें को
पर कसम की कसम से ज़िन्दा मैं तुम्हारे साथ रहती हूं।

अंधा ही कहो विश्वास करती हूं मैं दुनिया पे
पर कसम की कसम से मैं महफ़ूज़ तुम्हारे हाथ होती हूं।

दुनिया के सारे चैन-ओ-आराम कदमों में मेरे
पर कसम की कसम से सुकून का सुख तेरे पास पाती हूं।

मालामाल कर दिया तेरे प्यार की दौलत ने मुझे
पर कसम की कसम से तेरे बिना खुद को गरीब पाती हूं।

मरकर भी हमेशा अमर हो जाएंगी ये "रश्मि"
कसम की कसम कहती हूं तेरी यादों के एहसास में जीती हूं।

सौ. रश्मी कौलवार

132. तुम पर मेरा हक़ है

तुम पर मेरा हक़ है दिल से यह स्वीकार करती हूं
सरेआम अपनी मोहब्बत का इकरार करती हूं।

ना कसमें है ना रस्में है, दिल के दिल से रिश्ते है
मोहब्बत में समर्पण खुद को दिलदार करती हूं।

ना तेरे मिलन राह है, ना तेरी जुदाई की चाह है
बेसब्री से बेकरार होकर तेरा ही इंतज़ार करती हूं।

ना अधिकार ना प्रतिकार है, मन से मन के तार है
ख्वाहिशों के चांद पर तेरा ही इख्तियार करती हूं।

जहां सच्चा प्यार हो वहां शक नहीं हक़ होता है
बेशक होकर तेरी मोहब्बत पर ऐतबार करती हूं।

133. तेरी बाहों के सहारे

प्रिय, सुबहो शाम तुमसे टूटकर मोहब्बत करना यही मेरा
काम हो
बस यही तमन्ना तेरी बाहों के सहारे ज़िन्दगी की सुहानी
शाम हो।

．

तलब तेरे मोहब्बत की ऐसी की, मुकम्मल होती ही नहीं
चाहत इतनी सी की, मेरी जिस्म को तेरी बाहों में आराम
हो।

．

तश्नगी पल पल बढ़ती ही जाती है, जो बुझती ही नहीं
कभी
खो जाऊं तेरी आंखों के प्यालों में, ऐसा तेरी निगाहों का
जाम हो।

．

मदहोश होकर डूब रही हूं, तेरे इश्क़ का किनारा मिल जाए
तुमको पाने की ज़िद करता है मन, चाहे जो भी अंजाम
हो।

．

रश्मि को मिल जाए तेरी बाहों का सहारा और कुछ नहीं
चाहत
दिल में तू ही धड़कता रहे और होठों पर बस तेरा ही नाम
हो।

134. सनम तेरी कसम

स्वीकार करना मेरा प्रेम निवेदन सनम, तेरे गले का हार
बन जाऊंगी मैं

समाहित कर लो दिल के सागर में प्रेम नदी की धार बन
जाऊंगी मैं

लिख दूंगी प्रेमग्रंथ कोई उसके गर्भित अर्थ का सार बन
जाऊंगी मैं

सनम तेरी कसम याद रखेगी दुनिया ऐसा प्रेम उपहार बन
जाऊंगी मैं।

खुशी से झूम उठेगा मन मयूरा वो अद्भुत प्रणय श्रृंगार
बन जाऊंगी मैं

झलंकृत कर देगा तन मन को वो हृदय की वीणा का तार
बन जाऊंगी मैं

हमेशा तेरे हृदय सिंहासन पर राज करेगी ऐसी सरकार बन
जाऊंगी मैं

सनम तेरी कसम याद रखेगी दुनिया ऐसा अमर प्यार बन
जाऊंगी मैं।

हमेशा तुझको प्रेरित करे वो जीवन का मजबूत आधार बन
जाऊंगी मैं

जहां सिर्फ हक़ हो कोई भी शक नहीं वो निश्चित अधिकार
बन जाऊंगी मैं

संजोए रखना अनमोल जीवन के वस्त्र की रेशमी किनार
बन जाऊंगी मैं
सनम तेरी कसम याद रखेगी दुनिया प्रेममयी सुंदर संसार
बन जाऊंगी मैं।

135. इश्क़ की दुनिया

इश्क़ की दुनिया ना होती तो ज़िन्दगी इतनी खूबसूरत ना
होती
बस खाली-खाली रहता दिल, उसमे दिलबर की मूरत ना
होती।

.

हम किसी के लिए इतने खास है, ये एहसास ना होता
कभी
किसी के ज़िन्दगी में अपने वजूद की इतनी एहमियत ना
होती।

.

इश्क़ की दुनिया में मशगुल होकर भूल जाते है हर दर्द को
समझता ना कोई, ना अपने जज़्बातों की कोई कीमत ना
होती।

.

सुखदूख बांटता ना कोई, ना हमदर्द बनकर साथ देता कोई
दुनिया में मोहब्बत ना होती तो किसी साथी की जरूरत ना
होती।

.

ना आंखों में सुंदर सुंदर ख़्वाब सजते, ना कोई उमंगे होती
पतझड़ सी उदास होती ज़िन्दगी अगर बहार-ए-मोहब्बत ना
होती।

.

तमन्नाओं से दिल भरा ना रहता, ना ख़्वाहिशों का बाज़ार
होता
अगर इश्क़ से दुनिया से आबाद हमारी शख्सियत ना
होती।

रंगीन से दिन होते, ना हसीन ख़्वाबों सी सजी रात ना
होती
दिल दीवाना ना होता किसी के लिए, ना मन में चाहत ना
होती।

136. चादर की सिलवटे

ये जों चादर की सिलवटे है, बयां करती मिलन कहानियां
कैसे बीती वस्ल-ए-मिलन की रात दिखाती है निशानियां।

गर्म सांसों से सांसे कैसी टकराई, गुनगुनाई कैसी तन्हाईयां
व्याकुल पिया मिलन को आतुर सजनी लेती है कैसी
अंगड़ाईयां।

ये जों चादर की सिलवटे है, बोले कैसे बीती मिलन की
रतिया
अंग से अंग मिले, प्रेम रंगों में खिली कैसी जवानियां।

प्यास बढ़ती ही जाए, बुझती नहीं दो जिस्मों की गर्मिया
अधरों से अधर मिले, महकने लगी दिल की कलियां।

ये जो चादर की सिलवटे है, बताए साजन की नादानियां
गवाह मिलन का छुप छुप के चांद करने लगा है
सरगोशियां।

137. मोहब्बत का सदा नशा रखिये

मोहब्बत का सदा नशा रखिये जो उतरे ना हुजूर
महबूब की आँखों में डूबकर इश्क़ का हो फ़ितूर।

.

मोहब्बत में सदा वफ़ा रखिये निभाओ तुम जरूर
मोहब्बत का ऐसा नशा चढ़े, इश्क का हो सुरूर।

.

मोहब्बत को सदा दुआ समझिए होना ना मजबूर
मोहब्बत करके ऐसे निभाओ की हो इसपर गुरुर।

.

मोहब्बत का एहसास जिंदा रखिये होना ना दूर
महबूब के एक दिदार के लिए हो जाईये प्रेमातुर।

.

मोहब्बत सदा ऐसी करो की हो जाईये मशहूर
मोहब्बत महसूस करो पर कभी होना ना मगरूर।

138. मेरा खुदा हो तुम

दिल की धड़कन बनकर धड़कते हो, मुझसे कहाँ जुदा हो
तुम
दिल से माँगी है जो खुदा से, एक सदा एक दुआ हो तुम।

हाँ! होगी सच्चे प्यार की जीत मनमीत, मेरी वफ़ा हो तुम
सत्य और सच्ची मोहब्बत से मिला अनमोल नफ़ा हो तुम।

मन से किया, मन ने दिया, मन से निभाया वो वादा हो
तुम
मेरी ज़िन्दगी तुम्ही से है, मेरी इबादत मेरा खुदा हो तुम।

किसी जरूरत से नहीं, नेक मन से किया सजदा हो तुम
जीवन में खुशियां लेकर आया है, एक फरिश्ता हो तुम।

139. शाम-ए-फ़िराक़

शाम-ए-फ़िराक़ अब न पूछ आई और आ के टल गई
यादों की महफ़िल में बुझी-बुझी शमा फिर से जल गई।

करवटें बदलते बदलते रात काटे न कटती संभल गई
दर्द में हम मचलते रह गए और हिज़्र की रात ढल गई।

अपनी परछाई भी पराई लगने लगी तन्हाइयां छल गई
तुझे याद करते-करते विरहा की काली रैना निकल गई।

सुकून-ए-इश्क़ में मिलता रहा मोहब्बत मेरी फल गई
रूखी-रूखी सी ज़िन्दगी मिरी सुहानी शाम में बदल गई।

शब-यार-ए-दिदार हुआ और नजरें तिरी फ़िसल गई
ग़म के अंधेरे में घीरी हुई यह "रश्मि" फिर उजल गई।

140. "तेरे नाम" से शुरू

"तेरे नाम" से शुरू हर सुबह मेरी तेरा दिदार करते रात हो
"हम दिल दे चुके सनम" तुमको हर पल, हर लम्हा तेरा
साथ हो।

.

"ये दिल्लगी" नहीं दिल की लगी है अब इश्क़ की बरसात
हो
"मैंने प्यार किया" सजना अब विवाह की हमारे बात हो।

.

"सपनें साजन के" देखकर मन में पिया मिलन के जज़्बात
हो
"राजा की आएगी बारात" और खुशियों की सौगात हो।

.

"डोली सजाके रखना" कहकर हसीन सफ़र की शुरुआत हो
"मांग भरो सजना" अब उमरभर तेरे हाथों में मेरा हाथ हो।

.

"हम साथ साथ है" सनम कितने भी मुश्किल लम्हात
हो.....

141. मौसम का लुत्फ़

चलो मौसम का लुत्फ़ उठाते है ख़त्म हुआ लम्हा इंतजार
का
रश्मिरथ पर सवार होकर आया है मौसम बहार का।

धरा मिलन को घुमड़ घुमड़ काले बादल आए
कोयल, मोर, पपिहा गीत गाए ये मौसम है इज़हार का।

रंगबिरंगी तितलियां फूलों पर लागी मंडराने
हर्षोल्लास, खुशियों, उमंग से भरा मौसम फुहार का।

आज धरती हरी चुनर ओढ़े दुल्हन सी सजी
किया धरा ने श्रृंगार, प्रकृति ने छेड़ा राग मल्हार का।

अधीर होकर झर झर झर झर मेघ बरसे
व्याकुल धरा तरसे कबसे आस लगाए प्यास है प्यार का।

पुरवाई में पवन चले रोम रोम पुलकित करके
मदमस्त फिजाएं महकी सी आया मौसम खुमार का।

आओ चलो मौसम का लुत्फ़ उठाएँ "रश्मि"
आज कितना रंगीन, हसीन समाँ है प्रिय के दीदार का।

सौ. रश्मी कौलवार

142. ये रिश्तों की पाकीज़गी

ये रिश्तों की पाकीज़गी हमेशा रहे बरकरार
एकदूसरे प्रति विश्वास हो, दिल में प्यार अपार।

कोई कड़वाहट, मैल न हो, मन में शुद्ध विचार
आपसी सूझबूझ और सामंजस्य से हो व्यवहार।

रिश्ते में पारदर्शिता हो, विश्वास का सच्चा आधार
गलतफहमियों की मन में कभी खड़ी न हो दीवार।

आपसी स्वार्थ, मतलब से ना हो रिश्ता बेकार
नेह, प्रेम और अपनत्व से खिले रिश्तों का संसार।

ये रिश्तों की पाकीज़गी ही सुखी जीवन का सार
जीवन को निर्मल, शुद्ध बनाती जैसे गंगा की धार।

143. ये दिल तो है दिल

ये दिल तो है दिल बस धड़कना जानता है
दिवानगी की हद तक प्यार करना जानता है।

ये दिल तो है दिल विरहा में तड़पना जानता है
प्रियतम की याद में आँखों से बरसाना जानता है।

ये दिल तो है दिल किसी को चाहना जानता है
इश्क़, मोहब्बत के सिवा इसे कुछ न आता है।

ये दिल तो है दिल मोहब्बत जताना जानता है
ताउम्र भर किसी का साथ निभाना जानता है।

ये दिल तो है दिल बेक़रार होना जानता है
महबूब के ख्वाबों, ख़्यालों में खोना जानता है।

ये दिल तो है दिल प्रेम में मचलना जानता है
दिलबर के दीदार के लिए तरसना जानता ।

144. आवाज़ दिल की तेरी मेरी

आवाज़ दिल की तेरी मेरी एक धकड़न, एक सुर बन गयी
दिलों के तार छेड़कर मोहब्बत की हसीन नज़्म बन गयी।

जोड़े रखी दिलों के तार को, हाल ए दिल बता गयी
छेड़कर मन का राग, नगमा मोहब्बत का सुना गयी।

आवाज़ दिल की तेरी मेरी तन मन को हर्षित कर गयी
एक दूसरे को करीब खिंचकर आकर्षित कर गयी।

कुछ अजीब कशिश थी ऐसी मन को मलंगित कर गयी
लिपिबद्ध होकर दिल की भावनाओं को तरंगित कर गयी।

आवाज़ दिल की तेरी मेरी रूहानी कहानी बन गयी
कभी न मिटनेवाली ऐसी अमर निशानी बन गयी।

145. रात के दामन में टिमटिमाते तारे

चाँदनी रात के दामन में बिखर गए टिमटिमाते तारे
पलकों की चिलमन तले सनम सज गए ख़्वाब तुम्हारे।

मद्धम मद्धम पवन छूकर रोमांचित करती तनबदन
नूर बरसाती चाँदनी और ये खूबसूरत हसीन नजारे।

ये हसीन चाँदनी रात प्रियतम और तेरा साथ मिले
चलो घड़ी दो घड़ी साथ वक़्त बिताए हम दरिया किनारे।

सितारों भरी चांदनी रात में हमदम तेरा हाथों में हाथ हो
तू ही सागर, तू ही साहिल, अब ज़िन्दगी तेरे ही सहारे।

रात के दामन में बिखरे ख्वाबों के तारे समेट लेते है सारे
तुमसे ज़िन्दगी रौशन तुमसे ही ज़िन्दगी में खुशियों की बहारे।

146. प्रेम कुछ ऐसा

प्रेम कुछ ऐसा करता जहाँ मिलन की व्याकुलता और विरह
की वेदना
इस छोटे से दिल मे जिंदा करता खूबसूरत भावनाओं की
संवेदना।

.

रूप अनेक उसके विश्वास, नेह, भक्ति, वात्सल्य, ममता,
करूणा
प्रेम में कभी जुनून, जिद, पागलपन, दिवानगी, विवशता।

.

प्रेम कुछ ऐसा करता योग, वियोग, संजोग से प्रियतम की
आराधना
संपूर्ण त्याग और समर्पण को परिभाषित करके अपने प्रेमी
की उपासना।

.

प्रेम रोग नही ये जोग है जो अपने अराध्य से परमसुख की
साधना
लिप्त करके प्रदीप्त करता हृदय में प्रेम ज्योति की उज्वल
उजाला।

147. प्रीत की डोर

प्रीत की डोर से बंधकर मोहब्बत खिलती है
जब मोहब्बत को अपनी सही मंजिल मिलती है।

यह बंधन नहीं आत्मा से आत्मिक मिलन है
रौशन होती ज़िन्दगी जब इश्क़ की शमा जलती है।

अटूट प्रीत का बंधन कभी छूट न पाता है
दो ज़िन्दगियां, दो तक़दीरों को प्रेम से जोड़ती है।

दिन सुहाने हसीन बनते, राते रंगीन होती है
ख़्वाबों सी सुंदर ज़िन्दगी की महफ़िल सजती है।

प्रीत की डोर कच्ची नहीं पक्की बड़ी "रश्मि"
दो प्रेमियों को सच्चे प्रेम बंधन में बांध देती है।

148. मोगरे सा इश्क़

श्वेत, मोहक मोगरे सा इश्क़ जीवन करता है सुगन्धित
निष्कटंक, पावन, पवित्र बड़ा ही मन करता है प्रफुल्लित।

नाज़ूक, सुंदर मोगरे सा इश्क़ दिल में जब पणपता है
निःस्वार्थ, निरपेक्ष होकर अपना सर्वस्व करता है समर्पित।

मनमोहक मोगरे सा इश्क़ दिल को महकाता है
छेड़कर प्रेमराग हृदय के तारों को करता है झलंकृत।

जीवन की गर्मी मोगरे सा इश्क़ शीतलता देता है
अपने सुंदर स्वरूप से तन-मन को करता है रोमांचित।

अनमोल मोगरे सा इश्क़ हमेशा संजोकर रखना रश्मि
बेरंग, बेनूर, बेजान सी ज़िन्दगी को करता है हर्षित।

149. गुजरती तन्हाई

काश फिर मिलने की वजह बीता गुजरा पल मिल जाए
गुजरती तन्हाई में हसीन लम्हों का कल मिल जाए।

ढूंढ रही हूं अमावस में ख्वाबों के चाँद को फलक पर
जब भी आंखें बंद करूं ख्वाबों में यार का संग मिल जाए।

थामे रखी थी हमने छूट न जाए कही रिश्तों की डोर
दिल के कच्चे धागे से जुड़ी मोहब्बत की पतंग मिल जाए।

अब काटे न कटता है जिन्दगी का तन्हा विरान सफ़र
फासलों में दिल को समझने वाला प्यार मलंग मिल जाए।

सुनो रश्मि गुजरती तन्हाई भी प्यार से गुनगुनाने लगेगी
तन्हाई को हमसफर के साथ जीवन का नया रंग मिल
जाए।

150. तेरे मेरे सपनें

तेरे मेरे सपनों के रंग में प्रियवर रंग गई मैं
सपनों की हसीन मायावी नगरी में खोई मैं।

तुम ही बस गए हो दिल, आँखों में तुम ही समाए
जाग्रत हुई ख़्वाहिशें मेरी रात भर ना सोई मैं।

लब बयां नहीं करते राज दिल-ए-समंदर के सारे
दिल में दबी हसरतों को लफ़्ज़ों में पिरोई मैं।

जीवन में एक पल भी तेरे बिना अब गुज़ारा न होता
जिस्म और रूह से सनम कब से तेरी हो गई मैं।

तोड़े से भी न टूटेगा यह बंधन तेरा मेरा कभी
अपनी हर साँस को तेरे साँसों से जोड़ गई मैं।

तेरे मेरे सपनें मुकम्मल होंगे एक दिन रश्मि
किस्मत से मिलन हुआ, तेरी बाहों में खो गई मैं।

151. इश्क़ की तपस्या

इश्क़ की तपस्या आसान नहीं, जीवन समर्पित करना
पड़ता है
दिलबर को अपना तन-मन-धन, सर्वस्व अर्पित करना
पड़ता है।

．

इश्क़ में त्याग और बलिदान में ही अपना सुख मानना
पड़ता है
मोहब्बत की कठिन अंगारों की राह पर हँसकर चलना
पड़ता है।

．

प्रियतम को ही अपना आराध्य मानकर जीवनभर साथ
देना पड़ता है
प्रेम को ही साधना समझकर, संपूर्ण निष्ठा से समर्पण
करना पड़ता है।

．

सुख-दुख हो या कोई भी परिस्थिति, हर हाल में साथ
निभाना पड़ता है
प्रियतम के हर शब्द पर खुद से भी ज्यादा भरोसा,
विश्वास करना पड़ता है।

．

रश्मि यह इश्क़ की तपस्या कठिन बड़ी है, पार करना
पड़ता है

मंजिल मिले ना मिले पर जीवनभर आराधना करना पड़ता है।

मंजिल मिले ना मिले पर जीवनभर आराधना करना पड़ता है।

152. तेरे आने की खुशी में

तेरे दिदार की चाहत में हमने तुमको बिठाया है निगाहों में
तेरे आने की खुशी में हमने दिल बिछाया है राहों में।

इस व्याकुल मन का तेरे सिवा कोई ठिकाना नहीं है
तड़पती है साँसे जल्दी से आओ सनम हमारे पनाहों में।

दिल को आज सुकून मिला है, तेरी आने की खबर से
ढूंढों जरा ग़म-ए-जुदाई में दिल से निकली आहों में।

दुरियों में भी प्यार बढ़ता तुम ही तुम थे ख़्यालों में बसे
अलग मजा है तेरे इंतज़ार में सनम भर लो अपनी बाहों
में।

तेरे आने की खुशी में गुल-ए-गुलज़ार हुआ मौसम रश्मि
लफ़्ज़ों में पिरोया है तुमको, पढ़कर देखो हमारी गज़लों में।

153. बना के बंसी होंठो से लगा ले मुझको

ओ कान्हा! बना के बंसी होंठो से लगा ले मुझको
अपने अधरों का मधुर सुधारस पिला दे मुझको।

तेरे प्रीत में ओ मनमोहन सुध बुध खोई, हुई दीवानी
एक बार प्यार से कान्हा हृदय से लगा दे मुझको।

तन मन ही क्या समर्पित किया अपना सारा जीवन
सारा जग बिसराकर कान्हा अपना बना लो मुझको।

ना मैं राजरानी रुक्मिणी, ना रासेश्वरी प्रिय राधिका
सुकुमारी
ओ श्रीहरी! तेरे चरणों की दासी बना लो मुझको।

अब मत ठुकराओ तेरे शरण में आयी हूँ गोवर्धन गिरिधारी
माथे का फूल नहीं चरणों की धूल बना दो मुझको।

154. बस वो इतना कहे

बस वो इतना कहे मुझसे की तू मेरी जान है
तुझसे ही जिंदगी आबाद, होंठो पे मुस्कान है
"रश्मि" से जिंदगी रौशन खुशियों का जहान है
तेरी चाहत, तेरी मोहब्बत ही मेरी पहचान है।

बस वो इतना कहे मुझसे तू मेरा मकाम है
तेरे साथ होने से हमसफ़र खुशियां तमाम है
तुमसे ही जिंदगी के रंगीन दिन हसीन शाम है
अब गम ही नहीं, खुशियों का छलकता जाम है।

बस वो इतना कहे मुझसे तू जीवन का सार है
तेरी हर जीत में जीत और तेरी हर हार में हार है
तुझसे ही सनम स्वर्ग से सुंदर मेरा संसार है
खुद से भी ज्यादा बेहद तुमसे बहुत प्यार है।

155. ये मोहब्बत है

किसी को दिल लगाना मोहब्बत नहीं होती
किसी के बिना दिल न लगना ये मोहब्बत है।

किसी के गुणों को देखकर मोहब्बत नहीं होती
किसी को गुण दोषों से अपनाना ये मोहब्बत है।

किसी के लिए दिल हारना मोहब्बत नहीं होती
किसी का दिल से दिल जीत लेना ये मोहब्बत है।

किसी को सिर्फ चाहना मोहब्बत नहीं होती
किसी को बिन बोले ही समझना ये मोहब्बत है।

किसी को हासिल करना मोहब्बत नहीं होती
किसी को सर्वस्व अर्पण करना ये मोहब्बत है।

156. सच्चे प्यार की कीमत

सच्चे प्यार की कीमत उससे पूछो जिसने प्यार पाया नहीं
लूटा दिया सबकुछ प्यार में, फिर भी दिल जीत पाया नहीं
वो क्या जाने प्यार का मोल, जिसने दिल को लगाया नहीं
महसूस न किया चाहत को, प्यार ज़िंदगी में आया नहीं।

सच्चे प्यार की कीमत उससे पूछो जिसने प्यार भुलाया
नहीं
सारे दर्द खुद सहकर भी जिसने प्यार को रुलाया नहीं
इम्तिहान लेकर जिसने प्यार को कभी आजमाया नहीं
यादें देकर प्यार में कभी किसी को तड़पाया, तरसाया नहीं।

सच्चे प्यार की कीमत उससे पूछो जिसने प्यार अपनाया
नहीं
अपना सबकुछ हारकर भी, अधिकार कभी जताया नहीं
कितनी चाहत मन में छुपी, राज सारे दिल के बताया नहीं
ज़िंदगी जिस प्यार से मिली, किस्मत में वो प्यार आया
नहीं।

157. अच्छा लगता है

अब नींद की ख्वाहिश नही
उसके ख्यालों में जागना अच्छा लगता है।

जानते है वो मेरी किस्मत में नहीं
फिर भी उसे अपना कहना अच्छा लगता है।

माना उस पे मेरा कोई अधिकार नहीं
पर उसपे हक नाहक जताना अच्छा लगता है।

फिक्र करते है कभी जिक्र करते नहीं
पर उसकी परवाह करना अच्छा लगता है।

दिल को समझाती हूं वो मेरा नहीं
पर दिल का उसके लिए धड़कना अच्छा लगता है।

ख्वाबों में साथ है हकीकत में नहीं
खुदा को उसका साथ मांगना अच्छा लगता है।

क्या सही, क्या गलत जानते नहीं?
पर इश्क के एहसास में जीना अच्छा लगता है।

158. छूकर मेरे मन को

छूकर मेरे मन को मेरा मन मोह लिया तुमने
मन पर कब्जा करके अपना बना लिया तुमने।

मोहब्बत ज़िंदगी कब बनी पता ही न चला
मोहब्बत के जादू से दिल को चुरा लिया तुमने।

अंजान था जो कभी, अब जान बन गया मेरी
बिना अधिकार के दिल पर हक पा लिया तुमने।

हकीकत में जो ना मिला वो मिल गया मुझे
सोचा न ख्वाबों की जन्नत को दिखा लिया तुमने।

ना जाने कौन सा लगाव खींच लाता तेरी तरफ
बिना कोई स्पर्श के मन में घर कर लिया तुमने।

छूकर मेरे मन को मेरी रूह को भी छू लिया
मैं मेरी ना रही तुम्हारी ही रानी बना लिया तुमने।

159. तुमसे

हजारों से बात नहीं बातें हजार करनी है तुमसे
उम्र कम पड़ जाए चाहत बेशुमार करनी है तुमसे।

.

चाहत तुमसे है मगर तुमसे कोई भी चाह नहीं
दिल की लगी शिद्दत से बेकरार करनी है तुमसे।

.

प्यार की परिभाषा शब्दों से कहाँ बयां होती
इशारों इशारों में बातें प्यार की करनी है तुमसे।

.

दुरियों में भी तुमको करीब महसूस करती हूं
जिन्दगी में मुलाकात यादगार करनी है तुमसे।

.

मन के अंधेरों को रश्मियों से रोशन है करना
जो दिया ज़िंदगी ने मुझे स्वीकार करनी है तुमसे।

160. तेरे दिल पर हाथ रखकर

तेरे दिल पर हाथ रखकर, तेरी धड़कन बन जाऊं
तुझमें कहीं समाकर, सांसों की सरगम बन जाऊं
जगह न हो बीच, मिट जाएं अंतर दोनों के दर्मियां
अधरो पर रखकर अधर तेरे, मैं शबनम बन जाऊं।

.

कान्हा की राधिका बनकर, मन वृंदावन बन जाऊं
बाहों में तुझको भरकर, जीवन का बंधन बन जाऊं
एक पल भी रह न पाए हम एकदूसरे के बिना कभी
ज़िंदगी देती है, धड़कते दिल का स्पंदन बन जाऊं।

.

तेरे दिल पर हाथ रखकर, दिल की रानी बन जाऊं
तेरी खुशियों से आंखों से छलकता पानी बन जाऊं
वजह बन जाए हम एकदूसरे के जीने की हमेशा ही
जीवन की अमर दास्तान, प्रेम की कहानी बन जाऊं।

161. तुमसा नहीं देखा

तुमसा नहीं देखा जो इश्क को इबादत समझता है
बिना किसी स्वार्थ के प्यार की दौलत को लुटाता है।

आंच भी ना आने देता मुझपर किसी दुख दर्द की
प्यार देकर बेपनाह खुशियों की बरसात करता है।

मेरी हर भूल को नासमझी समझकर माफ करता
तुमसा नहीं देखा जो पत्थर को भी खुदा मानता है।

आज की नहीं आनेवाले कल की दूरदृष्टि है उसमें
लोगों को परखकर, समय की आगे की सोचता है।

वो मन के जज़्बात सहज, सुंदर लफ्जो में पिरोता
जो मोहब्बत को जज्बातों की स्याही से लिखता है।

मेरी शक्ति बनकर हमेशा मेरा सहारा साथी बनता
प्रेरणा देकर वो मेरी हार को भी जीत में बदलता है।

किसी से भी उसके प्यार की तुलना ना हो सकती
तुमसा कोई नहीं देखा जो रश्मि के मन में बसता है।

162. बहका बहका मन

ख्वाबों से जरा सी जागने लगी हूं मैं
हकीकत से रूबरू होने लगी हूं मैं
बहका बहका मन काबू करने लगी
ज़िंदगी को बेहतर समझने लगी हूं मैं ।
?
उड़ती थी कभी ख्वाहिशों के आसमा में
सच्चाई की जमीन पर चलने लगी हूं मैं
लफ्ज़ों का सहारा लेना छोड़ दिया कबसे
चेहरों को जब गौर से पढ़ने लगी हूं मैं।
?
थक जाती हूं दुनिया की शोर से जब भी
तन्हाइयों दिल की बातें करने लगी हूं मैं
नियंत्रित कर लिया जज़्बातों को अपने
बहका बहका मन संभालने लगी हूं मैं ।
?
नफरतों को दिल से मिटाना ही होगा
मोहब्बत की दौलत बांटने लगी हूं मैं
बहका बहका मन बस में कर लिया है
दुनिया की तस्वीर को बदलने लगी हूं मैं।

163. जिसकी कोई सीमा नहीं

जिसकी कोई सीमा नहीं ऐसी अथाह प्यार की गहराई
नाप ना सकता है कोई ऐसी अनंत प्यार की ऊंचाई।

ज़िंदगी के हर सुख-दुख की धूप छांव में हमेशा ही
साया बनकर साथ-साथ चलती प्यार की परछाई।

समर्पित करते जीवन सारा बिना कोई अपेक्षा के
मोल क्या लगाएगा कोई समझो प्यार की सच्चाई।

ज़िंदगी की हर कसौटी पर प्यार खरा उतरता है
कभी ना कर पाओगे तुम सच्चे प्यार की उतराई।

कभी किसी के हिस्से मिलन तो कभी आती जुदाई
किस्मत से चाहत को चाहत मिले प्यार की कमाई।

164. हकीकत से दूर

हकीकत से दूर, रौशन ख्वाबों का एक जहान है
यादों के हसीं सितारों से जगमगाता आसमान है।

जहां चमकते है खूबसूरत कल्पनाओं के दिये
रश्मिरथी पर आरूढ़ मन का रवि विराजमान है।

कितने सुंदर ख्वाब पलकों पर खुशी से सजते
हकीकत से दूर दुख दर्द को ना कोई भी स्थान है।

जहां ना सीमाएं, ना रोक टोक, ना नोक झोंक
वहा प्रेम, अपनेपन, स्नेह से महकता गुलदान है।

तरंगित करती हजारों ख्वाहिशें ख्वाबों में अक्सर
मन के झरोखे पे झूला झूलता दिल का अरमान है।

हकीकत से दूर पर ख्वाबों में सबसे करीब रश्मि
ऐसी कभी ना मिटनेवाली अमर इश्क की दास्तान है।

165. दिल में बसी है

दिल में बसी है मोहब्बत हसरतों की नाव है
मन में बसी तेरी चाहत अरमानों का गांव है।

कभी दूर तो कभी पास आ जाते है हम दोनों
तेरी बाहों का सहारा ही जीवन का पड़ाव है।

रह नहीं पाते एक पल भी तेरे बगैर हम कभी
तेरी तरफ ही मेरी चाहत का बढ़ता झुकाव है।

सिमटता है दिन तेरे ख्यालों में गुज़र जाता है
महकती रातों में भी तेरे ख्वाबों का चलाव है।

कभी आती है दुरिया मिलन में भी मजबूरियां
खिजा में बढ़ता जा बेबाक सा क्यों तनाव है।

दिल में बसी है मोहब्बत कभी खत्म न होगी
किस्मत मेरी फिर भी मिलन में क्यों रुकाव है।

166. तेरे लिए लिखी हर कविता

तेरे लिए लिखी हर कविता
यादों की किताब में रखे सुर्ख गुलाब सी
पढ़कर बार बार नशा सा चढ़ता
दिमाग की बोतल में रखी पुरानी शराब सी।

.

तेरे लिए लिखी हर कविता
सुबह के खूबसूरत हसीन ख़्वाब सी
दिल से कभी आह भी निकले
कभी वाह निकले ऐसी लाजवाब सी।

.

तेरे लिए लिखी हर कविता
मन को शीतलता देते उस महताब सी
जो इस रश्मि को उज्ज्वल कर दे
रौशनी से चमकते आफताब सी।

167. इश्क का सुरूर

जलते जगनूओ को सितारा ना कहो
इश्क के सुरूर छाया आवारा ना कहो
डूब जाते है मोहब्बत की दरिया में
सनम की बाहों को किनारा ना कहो।

इश्क के बिना जीने को गवारा ना कहो
बिछड़ने की बात फिर दोबारा ना कहो
तेरी मोहब्बत में ऊंचा नाम मिल गया
तेरे लिए लिखी ग़ज़ल को हमारा ना कहो।

हार गए इश्क में अब बेसहारा ना कहो
लूटकर दिल मेरा तुम बेचारा ना कहो
वस्ल ए मोहब्बत में हिज़्र मिला हमको
ठुकराकर प्यार किस्मत का मारा ना कहो।

इश्क के सुरूर में डूबे नकारा ना कहो
किसी को भी तुम अपना सहारा ना कहो
तेरी मोहब्बत से ये रश्मि रौशन हो गई
इश्क की चमक को लश्कारा ना कहो।

168. हमसफर तुझसा कहा

कोई प्यार करनेवाला हमसफर तुझसा कहा
बिना हाथ पकड़े जो साथ निभाता है
थककर हार जाती हूं जब अपनी ज़िंदगी से
दिल में प्यार का एहसास जगाता है।

मैं लिखती हूं कविता पर दुनिया जानती कहा
जज्बातों को पढ़कर मुझे समझाता है
करता नहीं मुझको दूर मेरी अस्तित्व से कभी
मैं जैसी हूं वैसी ही मुझे अपनाता है।

भीग जाती है उसकी पलके मेरे छोटे से दर्द से
अपनी सारी तकलीफे भूल मुझे हसाता है
उसने मेरे तन को नहीं मन को स्पर्श किया
करीब ना होकर आत्मा तक वो बसता है।

क्या दूं उसको जिसने मुझको सबकुछ है दिया
जो प्रेम से मेरी जिंदगी को बेहतर बनाता है
दुनिया में कोई नहीं चाहेगा मुझे उसके जैसा
जो मेरी खुशियों के लिए मुझसे ही लड़ता है।

169. तेरी बाहों में आकर

सुनो जान,
तेरी बाहों में आकर मुझे थोड़ा सा बेताब रहने दो
तुम्हारे लिए प्यार मेरा बेइंतिहा, बेहिसाब रहने दो।

.

ख्वाहिश ही नहीं जुदाई में जलते आफताब की
दिल को सुकून देता तेरा प्यार महताब रहने दो।

.

आज की दुनिया में हकीकत का नहीं है भरोसा
मुझे तेरा कभी न टूटनेवाला हसीं ख्वाब रहने दो।

.

रखो मुझको सम्हालकर तेरे मन के किसी कोने में
मन की किताब में रखा यादों का गुलाब रहने दो।

.

कभी शंका आशंका मन को बेचैन कर जाए तो,
तेरी प्रेम की गीता में हर सवालों का जवाब रहने दो।

170. जन्मदिन तुम्हारा

है जन्मदिन तुम्हारा आज तोहफ़े तुमको क्या हमराज दूं
दे दिया है दिल तुमको, अपनी सांसे भी तुमको नवाज दूं।

.

बन गई हूं तेरे ख्वाबों की रानी, अपने मन का तुम्हे राज
दूं
तेरे नाम कर दूं सारी ज़िंदगी, अपने दिल का तख्तों ताज
दूं।

.

जगमगाएगी तेरी दुनिया, प्रेम की रश्मियों से रोशन आज
दूं
गूंजेगा इश्क का तराना, बेपनाह मोहब्बत का सुरीला साज
दूं।

.

मांगी है रब से दुआएं फकत तेरे लिए, खुशियों का सरताज
दूं
कामयाबी कदम चूमे तेरे, ख्वाहिशों का हसीन परवाज दूं।

.

मुझपर सिर्फ तेरा ही हक है, जीने के लिए प्यारा अंदाज दूं
तेरे दिल को छू जाए ऐसी मन से मन तक की आवाज़ दूं।

171. मंज़ूर है मुझे

मैं तुम्हारे प्यार में दुनिया भुला दूं मंज़ूर है मुझे
तू बस मुझको हर वक्त याद रखे मंज़ूर है मुझे।

झुकता है जब भी सर मेरे लिए दुआ करता है
और मैं भी तेरे लिए फरियाद करूं मंज़ूर है मुझे।

मेरी हर तकलीफ़ तू अपनी समझकर सुनता है
अब तेरा छोटे से छोटा दर्द बांटना मंज़ूर है मुझे।

उड़ा देती है निंदे, याद जब हद से ज्यादा आती है
वक्त बेवक्त अब तेरी यादों में जागना मंज़ूर है मुझे।

प्यार में छुपाते नहीं राज़ ए दिल खोलकर बताते है
तुम्हारी हर बात पर भरोसा करना मंज़ूर है मुझे।

तेरा इंतज़ार करते करते चाहे सारी उम्र गूजर जाए
एक मुलाकात के लिए राह ताकना मंज़ूर है मुझे।

ख्वाहिश बस चाहत की ना जिद्द की पाने कभी की
दिल में बसाकर तुम्हारी होकर रहना मंज़ूर है मुझे।

172. हमें तुमसे प्यार कितना

तेरी मोहब्बत की रोशनी से रश्मि रौशन है
तेरा संग होना तपते सहाराओं में जीवन है।

हमें तुमसे प्यार कितना तुम भी ना जानते
तन से तन का नहीं मन से मन का बंधन है।

हमसे तुम्हें प्यार कितना, क्या है तेरे मन में?
नैनों में पढ़ लूंगी, तेरी आंखे ही मेरा दर्पण है।

खुशबू तेरे प्यार महकने लगी अब रोम रोम में
तेरे प्यार के सावन मे भीगा मन का आंगन है।

सुनो, हमें तुमसे प्यार कितना कैसे कहे प्रिय
तेरे नाम से जिंदा मेरे दिल की हर धडकन है।

173. सिलसिला ये चाहत का

सिलसिला ये चाहत का हम थमने नहीं देंगे
तेरे मोहब्बत का ये दिया हम बुझने नहीं देंगे।

ना मिले इस जन्म तो क्या, मिलन आस रखेंगे
ख्वाहिश तुमसे मिलन की कभी टूटने नहीं देंगे।

दिल में बसाकर, होठों पर तेरा ही नाम रखेंगे
मन में बसी तेरी याद को कभी भूलने नहीं देंगे।

किस्मत ने मिलाया, उम्मीद मुलाकात की रखेंगे
किसी भी परिस्थिति में तेरा साथ छूटने नहीं देंगे।

इन प्यार भरे लम्हों को दिल में संजोकर रखेंगे
जन्म जन्मांतर तक इस प्यार को मरने नहीं देंगे।

जिस दिन तेरा साथ हो वही मेरी दिवाली प्रिय
तेरी मोहब्बत की रौशनी को हम घटने नहीं देंगे।

174. कान्हा और प्रेम

कान्हा और प्रेम दोनों वश में करते है
मन को मोह कर अपने बस में करते है।

निर्गुण, निराकार दोनों साकार होते है
चित आकर्षित करके भाव विभोर करते है।

कान्हा और प्रेम में अलग अद्भुत लगाव है
मन से मन तक का अलौकिक खींचाव है।

मनमोहन गिरिधारी कान्हा मन का मीत है
सर्वस्व समर्पित करना प्रेम की रीत है।

कान्हा सर्व सांसारिक दुखों की निवृति है
प्रेम मनुष्य तो की स्वाभाविक प्रवृति है।

कान्हा और प्रेम दोनों जीवन के आधार है
दोनों ना हो तो ये बे-मतलब का संसार है।

175. भूल जाऊं आज मैं

भूल जाऊं आज मैं मैं ना रहूं, तुम तुम ना रहो
कुछ ऐसे मुझे तुझमें आज खोने दो.......
ये लम्हैं शायद फिर कभी लौटकर आ न सकेंगे
इन लम्हों को मेरी यादों में पिरोने दो.......

आज रखने दो सर अपनी गोद में तुम जरा
दो पल दो, घड़ी सुकून से सोने दो.......
चलो कुछ पल इस मतलबी दुनिया से दूर
एक पल के लिए सिर्फ तेरी ही होने दो ....

तेरे जाने के बाद रम जाऊंगी संसार के गम में
तेरे संग प्रेम के अनमोल क्षण संजोने दो.......
मर्यादाओं के सीमाओं में सारी जिंदगी गुज़र गई
आज बेइंतिहा प्यार की हद पार करने दो.......

रोको न खुलकर होने दो आंखों से बारिश को
जी भर के मुझे तेरी बाहों में रोने दो.......
भविष्य की कोख में क्या छुपा कोई ना जाने
वर्तमान के हसीन लम्हों को जीने दो.......

176. यादों की सरहद

यादों की सरहद तोड़कर जब याद आती है तेरी याद
तन्हाई को भी गुनगुनाने में मदद करती है तेरी याद।

माना मोहब्बत का सफ़र लंबा है साथ अभी मिला
छोटी से मेरी मोहब्बत का कद बढ़ाती है तेरी याद।

तुमसे दूर होके बेचैन होता मन, बेताब होता है दिल
मन के सारे शिकवे शिकायते रद्द करती है तेरी याद।

दर्द ए जुदाई में तुम्हारा साथ होना महसूस करती हूं
जिस्मों से दूर पर रूह से अहद करती है तेरी याद।

बिखरे बिखरे ज़िंदगी को समेटती, सम्हालती है
चिल्लर से लम्हों में नगद सी खनकती है तेरी याद।

इन यादों की भी क्या कोई सरहद होती है "रश्मि"
मेरी बेइंतिहा बेपनाह मोहब्बत की हद है तेरी याद।

177. बस मेरे हो तुम

अजीब बात प्यार की आज प्यार है बताना पड़ता है
बस मेरे हो तुम मोहब्बत में हक जताना पड़ता है।

गले लगाकर, चूमकर तो कभी महंगे तोहफ़े देकर
मोहब्बत का बहुत कीमती टैक्स चुकाना पड़ता है।

समझता नहीं कोई की दिल में कितना प्यार छुपा
प्यार कितना है स्टेटस लगाकर दिखाना पड़ता है।

चीखकर मन की आवाज मन तक पहुंचती ना कभी
मेरे हो तुम बड़े ही प्यार से कान में कहना पड़ता है।

सच क्या झूठ क्या? मोहब्बत में वफ़ा जफा न रही
प्यार में जिधर पलड़ा भारी वही झुकना पड़ता है।

पढ़ता नहीं कोई आंखे और दिल में है प्यार कितना
मेरे हो तुम बार बार इज़हार प्यार का करना पड़ता है।

178. याद है क्या तुम्हें

याद है क्या तुम्हें, हमारी पहली मुलाकात का फसाना
रेल्वे स्टेशन पर तुम्हारा मेरी सुबह से राह तकना
मेरे आने से मिलने तक छोटी छोटी हरकतों को देखना
बड़ी मुश्किल से सबसे छुप छुपकर हमारा मिलना।

याद है क्या तुम्हें, मेरा पलभर में नजरो से ओझल होना
तुमसे मिलने को तड़पना और फोन का नेटवर्क का खोना
बातों बातों में आंखों का मिलना और एकदुजे का होना
जो ना सोचा था हमारे मिलन को किस्मत का साथ देना।

याद है क्या तुम्हें, तेरा आवाज़ देकर मुझे बुलाना
कुछ प्यार भरे लम्हों के लिए सारी दुनिया को भुलाना
एक दूसरे का हाथ पकड़कर एक बेंच पर बैठना
बिना किसी की परवाह किए एक दूसरे में खो जाना।

याद है क्या तुम्हें, हमारे दिलों का तेज तेज धड़कना
लंबे इंतजार के बाद चंद पलों का हमारा मिलना
छोटे से उपहार ले-देकर अपनी मोहब्बत को जताना
मिलन के उन यादगार लम्हों को तस्वीर में कैद करना।

याद है क्या तुम्हें, तेरा राधाशाम देकर अपना बनाना
बड़े प्यार से अपने हाथों से बनी खीर को खिलाना

मेरे मोहब्बत की निशानी तेरा वो का कड़ा पहनाना
मुझको गले लगाकर अपने प्यार से मांग को भरना।

याद है क्या तुम्हें, भरे भरे दिल से अलविदा ना कहना
बार बार मुझको गले लगाकर प्यार से माथा चूमना
दूर जाकर फिर से मिलना, मेरे पास से छूकर गुजरना
मेरा तुझको मुड़कर न देखना, वक्त का वही ठहर जाना।

179. पसंद है मुझे

तेरे सांसों की गर्माहट, मेरे पास आने की आहट
दो बदन की कपकपाहट, वो होठों की थरथराहट
.....पसंद है मुझे।

.

तेरा प्रेमातुर आलिंगन, दिल चुराता प्रणयनिवेदन
हृदय का तीव्र स्पंदन, लबों की प्यास बढ़ाता चुंबन
.....पसंद है मुझे।

.

तेरा भीगे बदन को देखना , बूंद बूंद को होठों से पीना
प्रेम वर्षा बनकर बरसना, प्रेम की अगन बढ़ाना
.....पसंद है मुझे।

.

मेरे नाम को पुकारना, आवेग से आगोश में लेना
दांतों से तेरा काटना, प्यार की निशानियां देना
.....पसंद है मुझे।

.

I love you बोलकर चूमना, अंग अंग को छूना
मुझपे तेरा यूं हावी होना....बस मेरे और मेरे होकर रहना
.....पसंद है मुझे।

180. तुम्हारे प्यार की दौलत

तुम्हारे ख्वाबों में आते ही नींदे गुलज़ार होती है
तुम्हारे ख्यालों में आते ही यादें खुशनवार होती है।

पहनकार लिबास मोहब्बत, उतरती लफ्ज़ बनकर
इश्क की नज़्म कुछ मुझ पर ऐसी दिलदार होती है।

बेचैन इस दिल को सुकून ए राहत बस तेरे साथ
तेरे बिना ये जिन्दगी पल पल जैसे दुश्वार होती है।

भूलकर सारे रंज ओ गम, खो जाती हूं मोहब्बत में
तेरे साथ ही मेरी दुनिया खुशियों का संसार होती है।

मुझे किसी ताज की नहीं दिल पर राज की चाहत है
जब रानी बन जाती हूं और मन की सरकार होती है।

नहीं मांगती तुमको रश्मि हीरे, माणिक, मोती कोई
तुम्हारे प्यार की दौलत सबसे बड़ा उपहार होती है।

181. तुमसे करीब कोई नहीं

सुनो, तुमसे करीब कोई नहीं रूह तक तुम समाए हो
दूर कैसे रहूंगी तुम से लहू बनकर रग रग में समाए हो।

जो बात कही नहीं वो मेरे मन की बातें भी भाप लेते हो
दिखते नही दुनिया को पर मेरे अंतर्मन में समाए हो।

दूर से ही तेरी छुअन का एहसास महसूस करती हूं
हकीकत से कोसों दूर पर आंखों के ख्वाब में समाए हो।

तेरे साथ होने से महक उठती है दिल की सारी गलिया
दिल की बगिया में मोहब्बत का फूल बनकर समाए हो।

रश्मि निखरकर उजली तेरे प्यार की रौशनी से प्रियतम
मेरे मन की कल्पनाओं का आईना बनकर समाए हो।

182. तेरा ये इश्क

जान ना पायी कितनी चाहत इसमें दिल के अंदर है तेरा ये
इश्क
नाप ना पायी इसकी गहराई ऐसा विशाल समंदर है तेरा ये
इश्क।

.

जैसा दहकता अंगार हो, कभी बहुत चुभता है घायल कर
देता
तड़पाता तरसाता लगता है जैसे कोई नश्तर खंजर है तेरा
ये इश्क।

.

रूह तक कपकपा जाती है पल भर की जुदाई की ख्याल से
रातों का जगाता, चैन छीन लेता खौफनाक मंजर है तेरा ये
इश्क।

.

जहां पाने की चाहत है, ना खोने का डर, बस साथ रहे
हमेशा
सब को हराकर जीत का झंडा गड़ता ऐसा सिकंदर है तेरा
ये इश्क।

.

ज़िंदगी जन्नत सी हसीन और जहन्नुम से भी बेहाल बन
जाती
क्या सोचे, क्या जाने किसी के समझ से परे कलंदर है

सौ. रश्मी कौलवार

तेरा ये इश्क।

183. तेरा यूं हक जताना

तेरा यूं हक जताना अपना सा लगता है
तेरा यूं प्यार बरसाना सपना सा लगता है।

तेरा मुझे रोकना-टोकना, अधिकार जताना
सही गलत को समझाना सच्चा सा लगता है।

पलभर में कितनी सारी उलझनें सुलझ जाती है
तेरे साथ होने से मन को सुकून सा लगता है।

मन बेचैन हो उठाता तेरे दूर जाने के ख्याल से
तेरा रूठना, खामोश रहना दर्द सा लगता है।

यूंही नहीं कोई किसी पर हक जताता है
बस तेरी हूं मैं, मन को दिलासा सा लगता है।

खोने का डर, मिलने की खुशी प्यार में होती है
तेरा यूं दूर होना, दिल को पीड़ा सा लगता है।

184. बेरोजगार आशिक

बेरोजगार आशिक चलो तुम्हें इश्क करने का काम दूं
दिल से सेवा करना, तो मुंह मांगी कीमत का ईनाम दूं।

·

रोजगार बेशुमार चाहत का, प्यार के पल तुम्हें तमाम दूं
एक बार आगोश में भर लो, सुर्ख लाल लबों का जाम दूं।

·

गुजार लो पल दो पल साथ मेरे, यादगार सुहानी शाम दूं
अपनी गोदी में सुला दो मुझको चैन, सुकून, आराम दूं।

·

पलकों पर बिठाकर रखना, देखे जो ख्वाबों को विराम दूं
उठा लो अपनी बाहों में, तुझे अपनी बाहों का विश्राम दूं।

·

मन की रानी बना दो, लुटाकर अपना सब प्रेम का दाम दूं
बना लो तुम मुझको अपनी दुनिया, अमर प्रेम का नाम दूं।

185. मिलता फिर से जन्म तो

मिलता फिर से जन्म तो हम प्यार तुमसे दोबारा करते
ज़िन्दगी का हर लम्हा मोहब्बत करके तुमपे वारा करते
यूंही दूर से दीदार करते है मोबाइल स्क्रीन पर तुम्हारा
बहुत कारिब से तेरी प्यारी सूरत को हम निहारा करते।

मिलता फिर से जन्म तो अपनाकर तुमको हमारा करते
सुरज की रश्मियों संग हम रोज तेरी नज़र उतारा करते
तेरी नज़रों में आपने लिए प्यार देखने की ख्वाहिश है
जैसा तुझको पसंद हम तेरे लिए खुद को सवारा करते।

मिलता फिर से जन्म तो इस जन्म से हम किनारा करते
एक पल भी जीना मुश्किल हम तेरे बिन कैसे गुजारा करते
लड झगडकर मांग लेते कैसे भी खुदा से तेरा साथ हम
प्यार से दिल जीत के समर्पित तुमको जीवन सारा करते।

186. तुम्हारे प्यार ने सिखाया

"क्या हुआ?" पूछने पर जवाब आता "कुछ नहीं"
तब मन में बहुत दर्द का सैलाब उमड़ता है
जो दब गया और बहना चाहता है
बिन कहे उसके दिल का हाल समझना है।

.

जब " मुझे अकेला छोड़ दो" प्यार कहता है
उसको बस तेरी ही जरूरत तेरा ही सहारा है
वो सबसे ज्यादा तेरा साथ चाहता है
दूर नहीं पास रहकर हाथ थामे रखना है।

.

जब "मुझे कुछ नहीं चाहिए" प्यार कहता है
उसके लफ्जो की नहीं उसकी दिल की सुनना है
वक्त के साथ साथ उसके संग बहना है
अपना सारा प्यार उसपर ही लुटाना है।

.

जब "मुझे भूल जाओ" प्यार कहता है
थोड़ा वक्त प्यार को समझने, परखने देना है
लौट आए तो तेरा....भूल गया तो यादों में संजोना है।

187. तुम्हारी मोहब्बत में

तुम्हारी मोहब्बत में हर हद से गुज़र गई मैं
तुम्हारी याद में अक्सर टूटकर बिखर गई मैं।

निकाल ना पाई यादों के भंवर से खुद को
बिना सोचे कुछ इश्क के दरिया में उतर गई मैं।

तेरे जाने से भी मौजूदगी महसूस करती रही
तुम्हारे ख्यालों में खोकर यादों के शहर गई मैं।

इरादा बस फकत तेरा प्यार पाने की खातिर
तुमको क्या पता जाने कहा और किधर गई मैं।

सीता सी अग्निपरीक्षा देने का सामर्थ्य ना मुझमें
अंत्य यात्रा अपने सपनों की खुद कर गई मैं।

सांसे बस चलती है नाम की ज़िंदा है रश्मि
जब प्यार पर विश्वास मरा उसी पल मर गई मैं।

188. प्रेम से प्रेम करो

प्रेम से प्रेम करो, प्रेम ही जीवन का सार है
रस हीन होगा जीवन, प्रेम से ही श्रृंगार है
सुंदर, सुशोभित जीवन प्रेम से अलंकार है
प्रेम आनंद स्वरूप, प्रेम से दिव्य संसार है।

प्रेम से प्रेम करो, ये अलौकिक अनुभूति है
सारी दुनिया जीत ले, प्रेम में ऐसी शक्ति है
प्रेम से उज्ज्वल जीवन, प्रेम निर्मल ज्योति है
ईश्वरत्व की प्राप्ति हो, प्रेम निस्सिम भक्ति है।

प्रेम से प्रेम करो, प्रेम की सर्वत्र व्याप्ति है
शब्द से ना व्यक्त हो, अपार सुख की प्राप्ति है
कभी ना खत्म होती, प्रेम ऐसी संपत्ति है
कितना भी प्राप्त हो, होती नहीं संतुष्टि है।

प्रेम से प्रेम करो, प्रेम सुबह का हसीन ख्वाब है
मन के अनसुलझे सारे सवालों का जवाब है
प्रेम बढ़ता ही जाता प्रेम का कहा कोई हिसाब है
ये ईश्वर का अमूल्य उपहार, प्रेम बड़ा नायाब है।

189. इज़हार तो करो कभी

करते हो हमसे मोहब्बत इज़हार तो करो कभी
अपने हाल-ए-दिल का इकरार तो करो कभी
मन में छुपी मन की बात मन में ना रह जाए कहीं
न दिल में छुपाओ, खुलकर प्यार तो करो कभी।

.

बेसब्र होकर मिलने का इंतज़ार तो करो कभी
वफ़ा-ए-मोहब्बत का तुम ऐतबार तो करो कभी
दिल ने जिसे चाहा उसको दिल की बात सुनाओ
जमाने से क्या डरना प्यार स्वीकार तो करो कभी।

.

मोहब्बत ने दिया अनमोल श्रृंगार तो करो कभी
कही-अनकही दिल की बातें हज़ार तो करो कभी
एकबार खो दिया तो मोहब्बत मिलती नहीं कही
किसी के लिए अपना दिल बेकरार तो करो कभी।

190. गुलाब सी खूबसूरत मोहब्बत

गुलाब सी खूबसूरत मोहब्बत हर दिल पर राज करती है
गम के काटों पर खिलकर भी हंसना सिखा देती है
कभी हसीन यादें बनकर जिन्दगी की किताब में रहती है
मोहब्बत का पहला इज़हार बनकर दिल में धड़कती है।

गुलाब सी खूबसूरत मोहब्बत जिन्दगी को सजाती है
दर्द के काटों पर खिलकर जिन्दगी को महकाती है
सुर्ख लाल रंग से न जाने कितने दिलों को जोड़ती है
रहे न रहे हम पर अपने अमिट रंग छोड़ जाती है।

गुलाब सी खूबसूरत मोहब्बत से जिन्दगी खुशगवार बनती
है
आंखों को ख्वाबों की रंगत देकर जीवन को संवार देती है
बिखरकर भी निखर जाती, जीवन को निखार देती है
हृदय सिंहासन पर बैठकर सबसे ऊंचा स्थान पाती है।

191. इश्क़ की मिठास

नसीब से मिलता प्यार, मिठास इश्क़ की ना कम होने दो
बेवफाई की कड़वाहट घोलकर, मोहब्बत ना बेदम होने दो।

.

एकपल भी जी ना पाए एकदूजे बिन, मिठास इश्क़ की
इतनी हो
सर्वस्व अर्पण करो, दिल से दिल को विश्वास ना गुम होने
दो।

.

संजोकर रखो मोहब्बत को, दिल के कोने में कोई दाखिल
न हो
खोकर सच्ची मोहब्बत को, पछतावे से आंखे ना नम होने
दो।

.

कशिश इतनी की हर लम्हा, एक साथ जिन्दगी में शामिल
हो
एकदूसरे के हो जाए ऐसे की, तुम और मैं को हम होने
दो।

.

जीवन की थाली स्वादिष्ट होती "रश्मि" जब इश्क़ की
मिठास हो
दिल की जमीं पर मोहब्बत का फूल खिले इतना रहम होने
दो।

सौ. रश्मी कौलवार

192. तोहफ़ा मोहब्बत का

तोहफ़ा मोहब्बत का यादगार दे दूंगी
कभी न ख़त्म हो इतना प्यार दे दूंगी।

दिल क्या तुमपर जान निसार कर दूंगी
कभी न सूखेगी चाहत की बहार दे दूंगी।

लुटाकर खुद को चाहत बेशुमार कर दूंगी
कभी न भूलोगे ऐसी यादें हज़ार दे दूंगी।

खुद से ज्यादा तुझपर ऐतबार कर दूंगी
कभी न छूटेगा वो बाहों का हार दे दूंगी।

तेरे मिलन की आस में इंतज़ार कर दूंगी
जीवन के हर सुख दुःख में आधार दे दूंगी।

समर्पण से तन मन तुमपे वार कर दूंगी
तोहफ़ा मोहब्बत भरा बेशुमार दे दूंगी।

193. मन की बात को

बिन कहे आंखों ने कह दी मन की बात को
नज़रों के इशारों ने समझ ली मन की बात को।

.

अनकहे अनसुने जज़्बात कहां होते है बयां
बिन कहे दिल ने पढ़ ली मन की बात को।

.

कुछ बातें तो खामोशियां बोल देती है कभी
दिल से समझना पड़ता है मन की बात को।

.

बिन बोले बोल देते लबों के सुर्ख लाल गुलाब
मन से मन को जान लेना मन की बात को।

.

रश्मि बिन बोले इजहार, इकरार, इन्कार समझो
रूहानी जज़्बात से समझो मन की बात को।

194. वादा वफ़ा का

वादा वफ़ा का करके बेवफ़ाई ना मिले
झूठे कसमें वादे करके रुसवाई ना मिले।

साथ देने का वादा कर छोड़कर जाए कोई
इश्क़ की राह में किसी को तन्हाई ना मिले।

वादा वफ़ा का निभाते क्यों नहीं आख़िर
वफ़ा ए मोहब्बत में कभी जुदाई ना मिले।

दिल जान से चाहा उसको ही कद्र ना हो
दिल लगाने की सजा जग हसाई ना मिले।

रश्मि वादा किया तो निभाना जरूर तुम
दिल तोड़नेवाला कोई सनम हरजाई ना मिले।

195. तुम्हारी बाहों में

सनम तुम्हारी बाहों में छुपा सुकून हमारा
जीवन के हर सुख दुख में देता है सहारा।

तेरी बाहों में आकर भूल जाती हूं हर गम
डूबती नाव को मिलता जैसे कोई किनारा।

तुम्हारी बाहें मेरी शांति, संतोष का स्थान
हिम्मत देती खूब जब भी मैं थक के हारा।

कोई गद्दा, तकिया न देता सुकून इतना
मिट जाती थकान जब तू बाहों में भरता यारा।

कुछ भी ना ख्वाहिश तेरी बाहों के सिवा
रश्मि के दिल में जो नाम लिखा है तुम्हारा।

196. लब से लब मिले

लब से लब मिले बुझ गई मन की प्यास
आगोश में प्रियतम के पूरी हुई मन की आस।

तप्त तन की धरा पर हुई प्यार की बरसात
पतझड़ में भी खिला जैसे प्रणय का मधुमास।

चुंबन नहीं निशानी मोहब्बत की अंकित हुई
अंतर मिट गया एक हो गए सांसों से सांस।

तन मन को रोमांचित करता प्रत्येक क्षण
शब्दों से परे है यह मधुर मिलन का एहसास।

एक बार क्या लबों से छुआ प्रियतम ने रश्मि
बार बार अनुभव होता उसके चुंबन का आभास।

197. मोहब्बत हो ही गई

दिल के दरवाजे पर चाहत की दस्तक हो ही गई
कभी न सोचा था हमने और मोहब्बत हो ही गई।

सोए अरमान जग गए, जिंदा हुई ख्वाहिशें सारी
दिल के कागज पर प्रेम की दस्तखत हो ही गई।

सांस लेना भी मुश्किल प्रियतम के साथ बिना
अब मोहब्बत के साथ की जरूरत हो ही गई।

दूर रहकर महसूस करते सनम के एहसासों को
आंखो को उसके ख्वाबों की आदत हो ही गई।

कैसे, कब, कहां मोहब्बत हो गई पता नही चला
मोहब्बत के आने से तन्हाईयां रुखसत हो ही गई।

मन में दिन रात प्रियतम के ख्यालों का बसेरा
दिल में तस्वीर-ए-यार की हिफाज़त हो ही गई।

जहां भी जाती रश्मि प्रियतम बिना चैन कहाँ
दिल की जमीन पर मोहब्बत की हुकूमत हो गई।

198. ज़िक्र तुम्हारा

मोहब्बत का नाम लेते ही ज़िक्र तुम्हारा लबों पर आया है
आंखें खुली हो या बंद बस तेरा चेहरा निगाहों पर छाया है।

तेरे पास आकर मिट जाते है ज़िन्दगी के सारे रंज-ओ-ग़म
सारे जहान का सुख प्रियतम हमने तेरी पनाहों में पाया है।

जब भी हद से ज्यादा याद आती है तेरी, दिल थाम लेती हूं
हक़ीक़त में ना मिले अगर तू पास मेरे ख़्वाबों में आया है।

सुकून दिल को मिल जाता ज़िक्र तुम्हारा जब भी आया
एक एक हसीन यादों का किस्सा मेरे ख्यालों में छाया है।

ज़िक्र तुम्हारा करते ही ज़िन्दगी का हर लम्हा मुस्कुराता
खोकर तेरी मोहब्बत में हमने खुद को तेरे बाहों में पाया है।

199. प्रेम का पर्याय हो तुम

मेरे जीवन की यशोगाथा का अहम अध्याय हो तुम
चुनूंगी जीवन में साथ तेरा ही प्रेम का पर्याय हो तुम।

झट से फुर्र हो जाती है सारी परेशानियां, तकलीफें मेरी
हर दर्द, सुलझी-अनसुलझी समस्या का उपाय हो तुम।

जीवन की तपस्या, साधना, आराधना सफल हुई मेरी
प्रेम भक्तिरस से ओतप्रोत हुआ वो स्वाध्याय हो तुम।

शब्दों की गहराई, भावनाओं की ऊंचाई समझते मेरी
मेरी कवि कल्पनाओं को परखता अभिप्राय हो तुम।

जिसके दिव्य प्रेम प्रकाश से दीप्तमान हुई ये "रश्मि"
मेरे जीवन की अनमोल कमाई प्रेम का आय हो तुम।

200. जो इश्क़ तुमने सिखाया

जो इश्क़ तुमने सिखाया उसमें ना नियम, ना कायदा है
जहां कोई सौदा नहीं, कुछ नुकसान ना कोई फायदा है
बस बेपनाह चाहत लुटाकर, यादगार लम्हों को संजोना
ना रस्मों रिवाजों के बंधन, ना वफ़ा का कोई वायदा है।

जो इश्क़ तुमने सिखाया उसमें ना जिस्मानी जरूरत है
ना उम्मीदों की बंदिश, ना एकदुजे से मतलबी चाहत है
बस अपना सुखदुख बांटकर, एकदुसरे के प्यार में खोना
ना कुछ पाने की जिद्द और न कुछ खोने की सियासत
है।

जो इश्क़ तुमने सिखाया जहां हरदम जिंदा अपना प्यार है
मिले न मिले हम, पलकों में हमेशा एकदूसरे का इंतजार है
बस चंद पल के साथ हसीन लम्हों में उम्रभर का प्यार
पाना
एकदूसरे का कुछ पल साथ पाने को दिल हमेशा बेकरार
है।

201. मेरी मोहब्बत को

मेरी मोहब्बत को वक्त बिताने का जरिया ना समझो
ये रूहानी एहसास है, जज़्बातों का दरिया ना समझो
सिर्फ़ जिस्मानी आकर्षण या तन की कोई जरूरत नहीं
दिल की लगी को आज़ाद ख्यालों का नज़रिया ना समझो।

मेरी मोहब्बत को कोई किस्सा या कहानी ना समझो
उफ़नते जज़्बातों से भरी जवानी की नादानी ना समझो
ये पागल मन की मनमर्ज़ी या मेरी कोई खुदगर्ज़ी नहीं
चंद खुशियां पाने की चाह में की कोई मनमानी ना
समझो।

मेरी मोहब्बत को दिल की दिल से कशिश ना समझो
दिखावटी या बनावटी एहसासों की नुमाईश ना समझो
ये मन की ख़्वाहिश या प्यासे तन की फ़रमाईश नहीं
राह भटके मुसाफ़िर की मंज़िल की गुज़ारिश ना समझो।

मेरी मोहब्बत को भ्रम, मृगतृष्णा या सराब ना समझो
जो हक़ीक़त ना बनेगा कभी वो कोई ख़्वाब ना समझो
ये कोई किस्मत का मेल या इत्तेफ़ाक का झोल नहीं
किसी सुलझे-अनसुलझे सवालों का जवाब ना समझो ।

मेरी मोहब्बत को लेन-देन का कोई व्यापार ना समझो
किसी भी जीत-हार के लिए किया कारोबार ना समझो
ये अपने मतलब या किसी भी मकसद से किया नहीं
फायदे-नुकसान, नफे-तोटे से किया व्यवहार ना समझो।

202. तुझे बाहों में यूं भर लूं

प्रियवर, तुझे बाहों में यूं भर लूं की
मुझपे तेरे प्यार का गहरा रंग चढ़ जाता है
भूल जाती हूं खुद को मैं तेरी बाहों में
सारी तकलीफों से फासला बढ़ जाता है।

एहसास तेरी मोहब्बत जादू है कोई
जुबां पर बस तेरा ही नाम मढ़ जाता है
तेरे बगैर ज़िन्दगी की रौनक चली जाती है
तुम बिन मेरे चेहरे का रंग भी उड़ जाता है।

दिल को सुकून मिल जाता तेरे साथ होने से
मन की अनकही बातों को तू पढ़ जाता है
कुछ बात जरूर है जो किस्मत ने मिलाया है
प्यार से ही मन से मन तक का रिश्ता जुड़ जाता है।

203. तुमसे मेरा रिश्ता

लाखों करोड़ों लोगों में किस्मत ने मिलाया
कुछ ना कुछ खास बात जरूर होगी
चाहे दिल की अर्जी हो या रब की मर्ज़ी यारा
कभी तो हमारी मुलाकात जरूर होगी।

कितने ख्याल आते जाते, कुछ ही यादों में रहता
जहन में तेरी याद जरूर होगी
अब तक किसी पर ना आया, दिल तुझपे आया
कुछ तो हमारे दर्मिया बात जरूर होगी।

सबसे अलग बंधन जो मन से मन तक जुड़ा
एहसासों से बंधी कायनात जरूर होगी
तुमसे मेरा रिश्ता उस ऊपरवाले ने बनाया
आखिरी सांस तक चाहत जरूर होगी।

204. तू माने या ना माने

तू माने या ना माने तेरे लिए प्यार कभी ना खतम होगा
तू जाने या ना जाने तेरा इंतज़ार मुझे हर जनम होगा।

बार-बार मोहब्बत-ए-वफ़ा पर शक करके परख लिया
वहम दूर कर लिया अब मन में कोई ना अहम होगा।

जज्बातों की नज़रों से प्यार को पढ़ना सीख लिया
हकीकत और ख्वाब के बीच अब कोई ना भरम होगा।

सांसे रुक जाएगी पर दिल में तू हमेशा ज़िंदा रहेगा
मोहब्बत का हसीन सिलसिला कभी ना कम होगा।

भर लिया तुझको अपने दिल में, मन में सदा के लिए
चाहे तू दूर हो या पास अब दिल में कोई ना गम होगा।

हमसे जुदा होने की लाख कोशिश कर के देख लो तुम
रह ना पाओगे तुम, देखना मेरे प्यार में इतना दम होगा।

"रश्मि" के मन में ही नहीं रूह तक एक तू ही समाया है
मेरी आख़िरी सांस तक तेरे साथ मेरा हर कदम होगा।

205. मोहब्बत के श्रृंगार से

अक्सर तेरे प्यारे प्यारे ख्यालों में खो जाया करती हूं
कितनी दफा तुझे याद करते करते सो जाया करती हूं।

माथे पर चंद्रकोर, नाक में नथुनी का ये मराठी श्रृंगार
तुमको पसंद तो खूब अपने आप को सजाया करती हूं।

तेरे लिए सजना संवरना, नखरे करना अच्छा लगता है
तेरी नज़रों में खुद को सबसे खूबसूरत पाया करती हूं।

सब सूरत के चाहनेवाले कोई नहीं था सीरत पर फिदा
तन को ही नहीं मन भी स्वच्छ, सुंदर बनाया करती हूं।

मेरी हर छोटी बड़ी खुशी से चेहरा तेरा खिल उठता है
मेरे सारे दर्द भुलाकर दिल खोल के मुस्कुराया करती हूं।

एक साधारण सी लड़की को तुमने खास बना दिया है
मोहब्बत के श्रृंगार से इस रश्मि को चमकाया करती हूं।

206. फिर मिलेंगे कभी तुमसे

फिर मिलेंगे कभी तुमसे, जब तक सांस बाकी है
एकबार तुमसे मुलाकात की मन में आस बाकी है।

.

कटेगी हिज्र की तन्हा रातें, आएगी मिलन की बेला
शब ए वस्ल में प्रिय की मोहब्बत का आभास बाकी है।

.

लम्हा जुदाई का इंतजार, तेरे मिलने से खत्म होगा
गुजरेगा जुदाई पतझड़, मिलन का मधुमास बाकी है।

.

तेरा कितना भी दीदार कर लूं, दिल को सुकून कहा
कभी ना मन भरे, प्रिय की बाहों का सहवास बाकी है।

.

फिर मिलेंगे कभी तुमसे और ना जुदा होंगे फिर कभी
रश्मि के मन में एकबार मिलन का विश्वास बाकी है।

207. तेरी आदत सी है

ज़िन्दगी की जरूरत, सांस बनकर ठहर जाऊंगी मैं
तेरी आदत सी है मुझे, तेरे बिना किधर जाऊंगी मैं।

रह जाऊंगी हसीन ख्वाब बनकर तेरी निंदो में सदा
जिस दिन सारी दुनिया छोड़कर गुजर जाऊंगी मैं।

तुझे देखकर तो चलता मेरी ज़िन्दगी की कारवां
तुमसे दूर जाते ही, सनम तेरी कसम मर जाऊंगी मैं।

तेरे साथ चुटकियों में वक्त फुर्र से उड़ जाता हमेशा
साथ बीते लम्हों के सितारे आंचल में भर जाऊंगी मैं।

तेरी आदत सी है मुझे, जो छोड़नी ना कभी भी
तेरे मन में हसीन ख्याल बनकर ठहर जाऊंगी मैं।

तुमसे मिलने हर रोज आऊंगी उजली सुबह बनकर
तेरे आंगन में उजली रश्मि बनकर बिखर जाऊंगी मैं।

208. कोई तो ऐसा हो

कोई तो ऐसा हो...... आज के जमाने में 90's का प्यार
करनेवाला
कंप्यूटर, मोबाईल के इस जमाने में प्रेम के प्यारे खत
भेजनेवाला
दिल की कही अनकही बातों को बिनबोले ही झट से
समझनेवाला
महंगे किसी गिफ्ट, चॉकलेट से ज्यादा जज़्बातों का मोल
जाननेवाला।

.

कोई तो ऐसा हो...... फोन में नहीं दिल की गैलरी में यादें
संजोनेवाला
चैटिंग से ज्यादा फेस टू फेस मीटिंग में सामने बक बक
करनेवाला
प्यार तो सारे लुटाते है पर गुस्सा, अधिकार जताकर हक
से रूठनेवाला
बिना किसी अपेक्षाओं के बिगड़ी बातों को हंसकर
सुधारनेवाला।

.

कोई तो ऐसा हो......आंखों में कौतूहल और शब्दों से वार
करनेवाला
चाहे खुशी की महफ़िल हो दुनिया की भीड़ में भी तन्हा
कर देनेवाला

बिना किसी शर्त के बेपनाह मोहब्बत करके ताउम्र साथ
निभानेवाला
जिसके बिना ज़िंदगी का मतलब नहीं, मुझे प्यार से
परिपूर्ण बनानेवाला।

बिना किसी शर्त के बेपनाह मोहब्बत करके ताउम्र साथ
निभानेवाला
जिसके बिना ज़िंदगी का मतलब नहीं, मुझे प्यार से
परिपूर्ण बनानेवाला।

209. प्रेम से प्रेम करो

प्रेम से प्रेम करो, प्रेम ही जीवन का सार है
रस हीन होगा जीवन, प्रेम से ही श्रृंगार है
सुंदर, सुशोभित जीवन प्रेम से अलंकार है
प्रेम आनंद स्वरूप, प्रेम से दिव्य संसार है।

प्रेम से प्रेम करो, ये अलौकिक अनुभूति है
सारी दुनिया जीत ले, प्रेम में ऐसी शक्ति है
प्रेम से उज्ज्वल जीवन, प्रेम निर्मल ज्योति है
ईश्वरत्व की प्राप्ति हो, प्रेम निस्सिम भक्ति है।

प्रेम से प्रेम करो, प्रेम की सर्वत्र व्याप्ति है
शब्द से ना व्यक्त हो, अपार सुख की प्राप्ति है
कभी ना खत्म होती, प्रेम ऐसी संपत्ति है
कितना भी प्राप्त हो, होती नहीं संतुष्टि है।

प्रेम से प्रेम करो, प्रेम सुबह का हसीन ख्वाब है
मन के सुलझे अनसुलझे सवालों का जवाब है
प्रेम बढ़ता ही जाता प्रेम का कहा कोई हिसाब है
प्रेम ईश्वर का अमूल्य उपहार, ये भेट नायाब है।